U0438456

东明寺遗址考古发掘报告

杭州市文物考古研究所 编

上海古籍出版社

图书在版编目(CIP)数据

东明寺遗址考古发掘报告/杭州市文物考古研究所编.—上海：上海古籍出版社,2018.4
ISBN 978-7-5325-8725-4

Ⅰ.①东… Ⅱ.①杭… Ⅲ.①佛教－寺庙－文化遗址－发掘报告－杭州 Ⅳ.①K878.65

中国版本图书馆CIP数据核字(2018)第027564号

装帧设计：孟子航　吴　昉
美术编辑：何　旸

东明寺遗址考古发掘报告

杭州市文物考古研究所　编

上海古籍出版社出版发行

(上海瑞金二路272号　邮政编码200020)

(1) 网址：www.guji.com.cn
(2) E-mail：gujil@guji.com.cn
(3) 易文网网址：www.ewen.co

上海丽佳制版印刷有限公司印刷

开本890×1240　1/16　印张4.75　插页54　字数110,000
2018年4月第1版　2018年4月第1次印刷
ISBN 978-7-5325-8725-4
K·2434　定价：128.00元

如有质量问题，请与承印公司联系

目 录

第一章　概述 ………………………………………………………………………………（1）
　　第一节　东明寺的历史沿革 …………………………………………………………（2）
　　第二节　遗址的发掘与整理 …………………………………………………………（3）

第二章　法堂遗址 …………………………………………………………………………（5）
　　第一节　法堂遗址的院落格局 ………………………………………………………（5）
　　第二节　法堂建筑遗迹描述 …………………………………………………………（5）
　　第三节　法堂遗址的格局与时代 ……………………………………………………（15）

第三章　塔院遗址 …………………………………………………………………………（17）
　　第一节　塔院位置与遗存分布 ………………………………………………………（17）
　　第二节　塔院遗存 ……………………………………………………………………（17）
　　第三节　塔院周边采集石构件 ………………………………………………………（44）
　　第四节　塔院遗址相关问题探讨 ……………………………………………………（61）

Abstract ……………………………………………………………………………………（64）

后记 …………………………………………………………………………………………（66）

彩版 …………………………………………………………………………………………（67）

插 图 目 录

图一　东明寺遗址地理位置图…………………………………………………………（1）

图二　法堂遗址总平、剖面图…………………………………………………………（插页）

图三　法堂遗址东南通道及东南院门遗迹平、剖面图………………………………（9）

图四　法堂遗址解剖坑位置分布图……………………………………………………（11）

图五　解剖坑1平、剖面图……………………………………………………………（12）

图六　解剖坑2平、剖面图……………………………………………………………（12）

图七　解剖坑3平、剖面图……………………………………………………………（12）

图八　解剖坑4平、剖面图……………………………………………………………（13）

图九　解剖坑5平、剖面图……………………………………………………………（13）

图一〇　解剖坑6平、剖面图…………………………………………………………（14）

图一一　解剖坑7平、剖面图…………………………………………………………（14）

图一二　解剖坑8平、剖面图…………………………………………………………（14）

图一三　解剖坑9平、剖面图…………………………………………………………（15）

图一四　塔院遗址墓葬及道路遗迹分布图……………………………………………（18）

图一五　M1平、剖面图………………………………………………………………（19）

图一六　M1出土石山花蕉叶（M1∶1）………………………………………………（20）

图一七　M2～M6平、剖面图…………………………………………………………（21）

图一八　M2～M6出土遗物……………………………………………………………（23）

图一九　M4出土遗物…………………………………………………………………（23）

图二〇　M7平、剖面图………………………………………………………………（24）

图二一　M8平、剖面图………………………………………………………………（26）

图二二　M9平、剖面图………………………………………………………………（27）

图二三　M10平、剖面图………………………………………………………………（28）

图二四　M10出土遗物…………………………………………………………………（29）

图二五	M11平、剖面图	(30)
图二六	M12平、剖面图	(31)
图二七	M12出土遗物	(32)
图二八	M13平、剖面图	(33)
图二九	M13出土石望柱（M13：1）	(34)
图三〇	M14平、剖面图	(35)
图三一	M14出土石臼（M14：1）	(35)
图三二	M15平、剖面图	(36)
图三三	M16平、剖面图	(37)
图三四	M17平、剖面图	(38)
图三五	M18平、剖面图	(38)
图三六	M19平、剖面图	(39)
图三七	M20平、剖面图	(40)
图三八	M20出土遗物	(41)
图三九	L1平、剖面图	(42)
图四〇	L2平、剖面图	(43)
图四一	采集石基座（一）	(45)
图四二	采集石基座（二）	(47)
图四三	采集石束腰（采集：36）	(48)
图四四	采集塔身石柱（一）	(48)
图四五	塔身石柱拓片（采集：10）	(49)
图四六	塔身石柱拓片（采集：11）	(49)
图四七	塔身石柱拓片（采集：12）	(49)
图四八	采集塔身石柱（二）	(50)
图四九	塔身石柱拓片（采集：34）	(51)
图五〇	塔身石柱拓片（采集：37）	(51)
图五一	塔身石柱拓片（采集：40）	(51)
图五二	采集石莲座	(52)
图五三	采集石塔檐（一）	(54)
图五四	采集石塔檐（二）	(55)

图五五	采集石塔刹	(55)
图五六	采集石蕉叶和石宝顶	(56)
图五七	采集石供桌（一）	(57)
图五八	采集石供桌（二）	(58)
图五九	采集石供桌（三）	(59)
图六〇	采集石望柱	(59)
图六一	采集石碑（采集：44）	(60)
图六二	石碑拓片（采集：44）	(60)
图六三	东明寺左东明塔院祖塔图	(62)

彩 版 目 录

彩版一　　东明寺遗址位置及环境
彩版二　　东明寺法堂遗址地貌和遗址发掘全景
彩版三　　法堂遗址所在平台前后挡土墙
彩版四　　法堂遗址全景、法堂房址前檐柱基础
彩版五　　法堂房址柱础石、槛垫石、方砖墁地及前后堂之间沟槽
彩版六　　法堂房址东西梢间
彩版七　　法堂遗址前廊
彩版八　　法堂遗址前廊地面及阶沿石
彩版九　　法堂遗址后廊、后庭院排水沟和东巷道
彩版一〇　法堂遗址西巷道、前庭院
彩版一一　法堂遗址前庭院内桂花树、后庭院
彩版一二　法堂遗址后庭院水井、排水沟
彩版一三　法堂遗址后庭院排水沟东端、后庭院东侧道路
彩版一四　法堂遗址东院墙
彩版一五　法堂遗址东北院门、东南通道
彩版一六　法堂遗址东南通道南端底部、东南院门
彩版一七　法堂遗址西院墙
彩版一八　法堂遗址南院墙、东夹道
彩版一九　法堂遗址西夹道、西挡土墙
彩版二〇　法堂遗址解剖坑2
彩版二一　法堂遗址解剖坑3、4
彩版二二　法堂遗址解剖坑5
彩版二三　法堂遗址解剖坑6、7
彩版二四　法堂遗址解剖坑8、9
彩版二五　法堂遗址出土遗物（一）
彩版二六　法堂遗址出土遗物（二）
彩版二七　塔院遗址发掘前地貌
彩版二八　M1全景
彩版二九　M1墓园甬道、踏跺
彩版三〇　M1墓室及南侧供桌基础
彩版三一　M1出土遗物
彩版三二　M2~M6全景
彩版三三　M2~M6墓园内地坪、甬道等
彩版三四　M2~M6墓园南部石块包边
彩版三五　M4、M5墓室
彩版三六　M5墓室底部青砖、M3墓室
彩版三七　M6、M2墓室
彩版三八　M2~M6墓园出土遗物
彩版三九　M4出土遗物
彩版四〇　M7全景
彩版四一　M7平台、墓园铺地石板和墓室
彩版四二　M8全景
彩版四三　M8墓室及M8叠压宋墓
彩版四四　M9全景
彩版四五　M9南端平台、墓室

彩版四六	M10全景		彩版七三	采集石构件（一）
彩版四七	M10南侧平台		彩版七四	采集石构件（二）
彩版四八	M10墓室及其底部		彩版七五	采集石构件（三）
彩版四九	M10出土遗物		彩版七六	采集石构件（四）
彩版五〇	M11全景		彩版七七	采集石构件（五）
彩版五一	M11墓室、M12全景		彩版七八	采集石构件（六）
彩版五二	M12墓园前部正中砖砌基础及出土石望柱		彩版七九	采集石构件（七）
			彩版八〇	采集石构件（八）
彩版五三	M12墓室及其内石基座		彩版八一	采集石构件（九）
彩版五四	M12墓园出土石望柱和墓室内石基座		彩版八二	采集石构件（一〇）
彩版五五	M12墓室内石基座、M13全景		彩版八三	采集石构件（一一）
彩版五六	M13墓园出土石构件、M13墓室		彩版八四	采集石构件（一二）
彩版五七	M13出土石望柱、M14全景		彩版八五	采集石构件（一三）
彩版五八	M14墓园正中的石臼及其内粗瓷缸		彩版八六	采集石构件（一四）
彩版五九	M15全景		彩版八七	采集石构件（一五）
彩版六〇	M15墓园及南侧平台		彩版八八	采集石构件（一六）
彩版六一	M15南部甬道、台阶和平台		彩版八九	采集石构件（一七）
彩版六二	M15南端路面与圆形平台、M16墓室		彩版九〇	采集石构件（一八）
			彩版九一	采集石构件（一九）
彩版六三	M17全景、M18全景		彩版九二	采集石构件（二〇）
彩版六四	M18全景、M19全景		彩版九三	采集石构件（二一）
彩版六五	M19局部、M20全景		彩版九四	采集石构件（二二）
彩版六六	M20全景、M20墓园出土构件		彩版九五	采集石构件（二三）
彩版六七	M20出土砖雕		彩版九六	采集石构件（二四）
彩版六八	M20出土砖雕、板瓦和瓦当		彩版九七	采集石构件（二五）
彩版六九	L1路面、踏道		彩版九八	采集石构件（二六）
彩版七〇	L2、L2-甲及其与M1相连处		彩版九九	采集石构件（二七）
彩版七一	L2-乙（一）		彩版一〇〇	采集石构件（二八）
彩版七二	L2-乙（二）			

第一章 概 述

东明寺位于浙江省杭州市余杭区良渚街道（图一）。遗址北依大遮山，东为东髻峰，西临西髻峰，安溪从南面山脚流入东苕溪。遗址周边为东明山林场毛竹林，林木茂密，环境幽静（彩版一，1）。

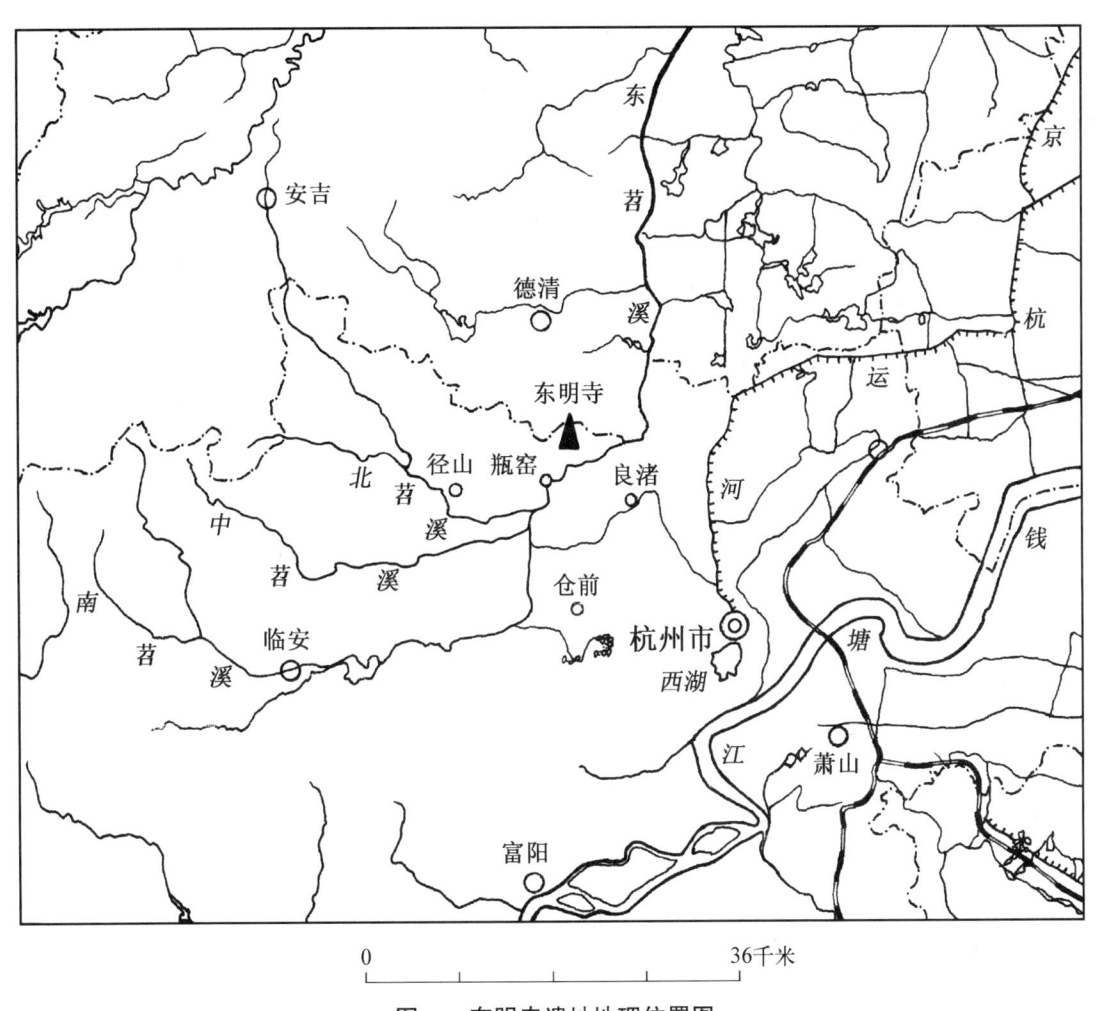

图一 东明寺遗址地理位置图

第一节　东明寺的历史沿革

东明山原名古道山。临济宗第二十八世东明昱禅师在此创建东明寺后，山以寺名，改称东明山。据《东明寺志》[①]卷上《山·东明山》：

> 明永乐间，东明禅师访古道场。复兴梵宇，即号其山为"东明"云。

东明禅师来到安溪古道山，是在明永乐六年（1408年）。据《东明寺志》卷上《僧·开法东明昱禅师》：

> 永乐甲申岁，登天目结千日期。期满，至昭庆受具。戊子访安溪古道场道通禅师遗踪。师见其峰峦秀拔，遂有终焉之意。于山中入关，一住三十余年，影不出山。

明宣德二年（1427年）东明昱禅师创建东明寺，宣德十年（1435年）获御赐"东明禅寺"额，一度兴盛。据《东明寺志》卷上《寺·东明禅寺》：

> 寺创自明宣德丁未年，虚白昱禅师始建。文君逊国之后，削发为僧，遁栖兹山者六载。至乙卯，赐额今名。复为度僧，俾奉香火，迄今称为临济祖庭、浙西名刹云。

至崇祯八年（1635年）时，寺院建筑历久失修，几成废墟。据《东明寺志》卷上《寺·东明禅寺》：

> ……后因里俗人讹传风水相犯，阴致毁伤。法堂、方丈、钟楼等悉为丘墟，寺产多废为民业。崇祯八年，古杭司理黄公端伯亲诣勘视，劝本里檀护酾金回赎，迄今赖之。寺基并诸祖塔院外，所存常住山三百七十一亩，地十六亩，田九亩六分有零。

是年秋，山茨际禅师应武林黄端伯之请，代磐山天隐和尚来住持东明寺，重振临济祖业。据《东明寺志》卷上《僧·山茨际禅师》：

> 师初住，严峻自持，瓦老云寒，破椽不蔽，萧如也。越三年，而规制稍就，粗成旧观。

[①] ［清］湛潜编撰，黄金贵、曾华强点校：《东明寺志》，上海古籍出版社，2012年。以下所引原文未单独出注者，皆据上海古籍出版社2012年版《东明寺志》。

清康熙三年（1664年），愚山藏禅师住持东明寺。其住持期间，重建宝藏楼、法堂、方丈等，东明寺趋于复兴。据《东明寺志》卷上《僧·愚山藏禅师》：

> 甲辰夏，……钱塘缁素请师住安溪东明。居无何，百废俱举，几还昱祖旧观。

又《东明寺志》卷上《寺·东明禅寺》：

> 康熙间，愚山禅师继席，诸方宿衲毕至，樵采不继，僧明理捐衣钵余，置送子岭等诸山百余亩以瞻众。
> ……宝藏楼，今在大殿东南伽蓝堂后。愚山禅师重建。
> ……寅宾楼，在大殿之左。愚山禅师建。
> ……法堂，在大殿后。康熙丙午岁，愚山禅师重建。
> ……方丈，在法堂后。……康熙丙午岁，愚山禅师重建……

民国三十一年（1942年）农历七月二十九日，寺院"被侵华日军付之一炬，所有的历史遗存就此化为灰烬，只剩下了令人唏嘘的一片废墟遗址"[1]。

塔院位于"大遮山西坞，东髻山之东"，分布着建寺祖师东明昱禅师以降历代高僧和僧众的墓塔，俗称"和尚坟"。东明寺被焚毁后，塔院逐渐荒废，墓塔陆续被周边民众拆除作为建筑材料，部分残存构件被集中搜集保存在东明山林场内。

第二节　遗址的发掘与整理

在东明山森林公园内，正在复建东明寺，已相继新建了大雄宝殿、僧房等建筑。2013年4月，为了挖掘东明寺的历史文化内涵，东明山森林公园的管理单位邀请余杭区文化广电新闻出版局和杭州市文物考古研究所对东明寺遗址进行了前期调查，确定对现存的法堂和塔院遗址进行考古发掘，为后续的文物保护工作提供依据。

2013年4月19日，杭州市文物考古研究所发掘人员入驻法堂遗址现场，确定发掘范围及方式，并陆续完成发掘前的相关准备工作。4月22日正式实施发掘，至6月1日结束。发掘领队李蜀蕾，发掘人员有梁宝华、沈国良、骆放放、郎旭峰和王征宇。除领队外，发掘工作主要由梁宝华负责。

发掘工作是从法堂遗址开始的。先清理法堂西院墙外堆积，随后清理法堂主体部分，最后清理庭院遗迹及其他附属设施。至5月29日完成清理。野外遗迹照片由梁宝华拍摄，遗迹图由沈国良和骆放放现场绘制。

---

[1] 据前揭《东明寺志》点校本所附编后记。

6月6日开始对塔院遗址实施发掘。塔院所在处毛竹林立,杂草丛生,墓葬受盗扰,破坏较严重。发掘工作从塔院西北部开始,顺着山坡的方向逐步向东及南推进。至7月23日完成塔院内墓葬、道路等各遗迹的清理。梁宝华拍摄了各遗迹的照片,沈国良绘制了墓葬、道路等的遗迹图。

　　野外发掘结束后即转入室内整理,参与整理的有郎旭峰、王征宇、何国伟、骆放放、李蒙蒙和黄李昭。其中,法堂部分的整理工作由郎旭峰负责,塔院部分由王征宇负责,器物照片由何国伟拍摄,拓片由骆放放制作,器物线图和遗迹图的清绘由李蒙蒙和黄李昭完成。另外,浙江工业大学建筑学院部分师生帮助绘制了采集石构件的线图,沈国良作了校对和改定。

第二章 法堂遗址

第一节 法堂遗址的院落格局

法堂遗址位于东明寺大殿后，依山势建在山间平台上，坐北朝南，整体偏向东南，方位南偏东55°（彩版一，2）。法堂建筑曾在1942年被日寇焚毁，后在地表形成厚10～20厘米的堆积（彩版二，1）。经过清理，法堂遗址主要由法堂建筑台基、庭院、通道、巷道、院墙、院门、水井、排水沟、道路、夹道及挡土墙等遗迹组成，总面积约580平方米（彩版二，2）。

法堂遗址平面布局整体可分为两部分，以院墙为界，将院墙内的空间作为内院，院外为东西夹道及法堂遗址所在平台两侧挡土墙。内院的空间范围为南至法堂遗址南侧挡土墙，北至方丈遗址南侧挡土墙，东至东院墙，西至西院墙。内院在空间上由前庭院、台基、后庭院、东西巷道、东南通道及院墙等部分组成。其中，东西巷道分别沟通前后庭院。

法堂遗址南侧挡土墙自寺内大殿所在平台向上砌筑，高8.3米；北侧挡土墙自法堂建筑所在平台向上砌筑，高5米；东西两侧挡土墙相对较矮，外侧均为自然山坡。法堂平台周围的挡土墙主要用大小不一的石块砌筑（彩版三，1、2）。

法堂遗址东西两侧院墙与南北两侧挡土墙共同围合成了一个相对封闭且独立的院落空间，即内院。内院通过东北角的后门（东北院门）、东南通道南端的前门（东南院门），分别与院落以外区域连通。

第二节 法堂建筑遗迹描述

一、法堂主体建筑

包括法堂房址及前后廊，并与其两侧的东、西巷道建筑在同一台基上。该建筑台基位于遗址的中部，东西长20.3米，南北宽11.7米。南侧与前庭院相连，并高于前庭院地面38厘米，北侧与后庭院相连，高于后庭院地面10厘米，东侧为东巷道，西侧为西巷道，其中东、西巷道的南北两端分别沟通前后庭院。法堂的主体建筑建于该台基上（图二；彩版四，1）。

（一）法堂房址

法堂平面共五开间，通面阔18米，通进深7.9米。其中明间面阔3.55米，东、西次间面阔3.85米，东梢间面阔3.35米，西梢间面阔3.25米。法堂建筑共用柱子二十八根。其中，明间东西两缝共用柱子八根，每缝四根，包括前后金柱四根，前后檐柱四根。根据前述柱础分布情况可知，法堂建筑采用了减柱做法，缺少了明间两缝中柱，使其前后两金柱间距达5.28米。其他各间每缝用五柱，即中柱或山柱一根，前后金柱各一根，前后檐柱各一根。

法堂内柱础石呈方形，其置于上部的柱顶石散落在遗址表面。现按法堂房址柱础石的分布位置描述如下：

1. 角柱（a）：a1边长46厘米，经解剖厚10厘米；a2边长38厘米；a3边长39厘米，经解剖厚分别为12厘米和17厘米；a4破坏已无。

2. 前檐柱（b）：b1已无，只存一柱础坑，残存用小石块铺砌的基础；b2已残，长55、残宽25厘米；b3已残，长56、残宽40厘米；b4已无，只存一柱础坑，残存用小石块铺砌的基础，长宽约50厘米（彩版四，2、3）。

3. 金柱（c）：c1边长50厘米；c2边长54厘米；c3边长55×60厘米；c4边长62×64厘米；c5边长51×57厘米，由于地基沉降，略向东倾斜；c6边长52厘米；c7已无，仅剩痕迹；c8边长57厘米；c9边长70厘米；c10边长65厘米；c11边长56厘米；c12边长48厘米。

4. 中柱（d）：位于次间的东西两缝。d1边长65厘米；d2边长63厘米，由于地基沉降，向东倾斜。

5. 山柱（e）：e1边长55厘米；e2边长51厘米。

6. 后檐柱（f）：f1边长34×49厘米；f2边长43×44厘米；f3边长46×46厘米；f4边长32×39厘米。

法堂明间、东西次间以后金柱为界分前堂和后堂，前堂南北深5.2米，后堂南北深2.7米。前后堂之间残存一宽10厘米的小沟，沟内填有小石块作基础（彩版五，1）。推测前堂和后堂之间扇面墙可能采用板壁进行分隔。

明间南端前金柱两块柱础之间，有一东西向的长条状槛垫石，长3米，宽19厘米（彩版五，2）。推测此两柱间可能设有门。

明间两后檐柱之间无隔墙基础，明间与后廊铺地之间仅残存一沟槽。东西次间地面方砖与后廊之间以宽15厘米的长方形青砖进行分隔，砖上有石灰痕迹，砖下铺垫石块基础，现露出部分宽13厘米。从揭示的痕迹分析，后檐除明间采用门以外，东西次间亦可能采用槛墙上设窗或门的形式。东西次间与前廊交界处无砖石基础，可能是以灰土为基础直接砌筑槛墙。法堂东西次间两缝有用石块砌筑的南北向墙基，宽48厘米，柱础都位于隔墙内。在东次间墙基尚残存疑似石作。明间、次间地面全部用方砖铺地，方砖规格长39、厚4.5厘米，在其表面被火烧过爆裂的痕迹非常明显（彩版五，3）。

东西梢间内未进行分隔，进深三进，第一进深2.55米，第二进深2.55米，第三进深2.7米（彩

版六，1、2）。东西梢间地面无方砖墁地，为灰黑色泥地，有三合土夯筑的痕迹，局部有火烧而成的红烧土。东、西梢间与前廊交界处有石块砌筑的隔墙基础，东梢间部分宽约50厘米，墙体南侧有一排竖立的石作痕迹。西梢间部分宽约55厘米，与前廊石块铺装直接衔接，无明显石作痕迹。东西梢间与后廊交界处无明显隔墙基础，做法应与明间及东西次间一致。法堂东西梢间两缝有山墙基础，位于柱础内侧，残存一层小石块墙基基础，与地面平，宽40厘米；经解剖，基础较浅。在西山墙与后廊交界处残存一处山墙石作，高15、宽42、厚8～9厘米，上刻云纹。

（二）前廊

前廊左右两侧与东、西巷道相连，通五间，通面阔18.15米，进深2.1米（彩版七，1、2）。前廊南侧阶沿石用规格29～34厘米大小不等的长方形条砌筑，其中心正对明间处有一石块较大，长154、宽90厘米，类似建筑台基中间的分心石（彩版八，1）。阶沿石和檐柱之间采用小石块铺砌，宽40厘米，略有残损，并在小石块北侧边缘采用长27、宽13、厚4.5厘米的长方形砖顺向平铺，与前廊地面进行分隔（彩版八，2）。在前廊西部檐柱与角柱之间地面还残存少量石块铺砌的地面，东西长2.49、南北宽1.45米。其他在前廊明间、东西次间和东梢间的地面铺装已被破坏，仅残存三合土夯筑面。

（三）后廊

后廊东西长20.25、南北宽0.95米。后廊北侧阶沿石用大小不一的石块砌筑（彩版九，1）。后廊北侧阶沿石在作为台基北缘的同时，还用作后庭院排水沟的南侧沟壁。后廊地面全部用较小的石块铺砌而成。

二、巷道

（一）东巷道

东巷道位于法堂东梢间山墙基础与东院墙之间，南北长9.15、东西宽0.76米。地面为掺杂黄沙石灰的三合土面。东巷道南侧与前庭院、东南通道和东南院门相沟通，北侧与后庭院、后廊和后院门相沟通（彩版九，2）。

（二）西巷道

西巷道位于法堂西梢间山墙基础与西院墙之间，南北长9.15、东西宽0.82米。地面做法为掺杂黄沙石灰的三合土面。西巷道南侧沟通前廊和前庭院，北侧沟通后廊和后庭院（彩版一〇，1）。

三、庭院

（一）前庭院

前庭院位于法堂主体建筑台基的南侧，东西长18.5、南北宽5.2～6.8米（彩版一〇，2）。其西面和南面直连院墙，北面接前廊，东面有一道南北向矮墙。矮墙南端接南院墙，与东院墙之间有通道，即东南通道，下通开在东院墙南端的东南院门。庭院中间有一棵桂花树，距今已有六百余年的历史，传说是明初建文帝到此避难时所植，1942年此树被日寇烧毁，仅依一方残皮存活至今，每年开金桂和银桂两种花，为浙江省一级保护古树（彩版一一，1）。地面为泥地，经过解剖未发现夯筑痕迹，土色为灰褐色，土质比较疏松。

（二）后庭院

后庭院位于法堂台基北侧，东西长20.25、南北宽6.8米。东面至东院墙，西面至西院墙，南面至后廊北侧边缘的排水沟北壁，北面至方丈遗址南侧挡土墙，地面为泥地，土色为黄褐色，土质略硬（彩版一一，2）。

后庭院中间为一口用石块砌筑的长方形水井，水井东西长2.85、南北宽1.73、深1米（彩版一二，1）。《东明寺志》称为上方井[①]。

后庭院的南侧边缘与法堂后廊的连接处，有一条用石块砌筑的排水沟，东西长23、宽0.4、深0.4米（彩版一二，2）。在院落内大致呈东西向，在接近东院墙处呈曲折状，东端穿经东围墙至东挡土墙下南折，南折部分长4.7米，南端部分被现代修筑路面所叠压。排水沟两侧沟壁用大小不一的石块砌筑，其南壁则利用法堂建筑台基的后廊阶沿石做沟壁，沟底为沙灰夯筑。该排水沟系明沟，主要起到两个作用：一是作为法堂建筑后檐及后庭院的散水，二是把上方满溢后的井水排出院落外（彩版一三，1）。

后庭院东侧边缘与东院墙之间，有一条用石块砌筑的南北向道路，南北长4.5、宽0.94米。道路北端连接东北院门门道，南端与东巷道、后廊相连，该道路为进出后院的主要通道（彩版一三，2）。

四、院墙与院门

（一）东院墙

东院墙位于东巷道东侧，南北向，北接方丈遗址南侧挡土墙，南接南院墙，长22.8、宽0.75米。东院墙大部分已经倒塌，其中北部墙体残高仅0.35米，南部墙体残高2.7米（彩版一四，1、2），墙体主要用大小不一的石块和青砖砌筑，在南部墙体的外侧尚残留有石灰粉刷面。

（二）东北院门

东北院门位于东院墙的北端，内侧与后庭院相通，外侧与东夹道相通。该门大部已毁，仅残存底部一小段，门底部为一块石板，其两侧用砖块砌筑，残高27厘米。根据底部石板的宽度

[①] 前揭《东明寺志》卷上："上方井，在法堂后。愚山禅师建方丈，地势既高，去诸井数百级，侍司病汲。师一日见石间有泉出，以杖达之，涓涓不绝，储以方汜，堂众赖之。"

推测门宽应有0.76米，另外在门内侧有一长方形石块作台阶，长0.96、宽0.46、高0.2米（彩版一五，1）。

（三）东南通道

东南通道位于东院墙南端西侧与前庭院的东侧矮墙之间，南北向，其北端与法堂前廊和东巷道相连，南端至法堂遗址前挡土墙（图三；彩版一五，2）。通道长6.25、宽1.35米，东南通道北侧部分为一条连接前廊上下的台阶，残存台阶三级，宽35、高30厘米。南侧部分为用较大石块平铺的路面并连接东南院门，沟通内外（彩版一六，1）。另外在东南通道西壁顶部有一道南北向石块砌筑的矮墙，作为与前庭院的分隔，矮墙长6.55、宽0.6米，北端残高0.7、南端残高3米。

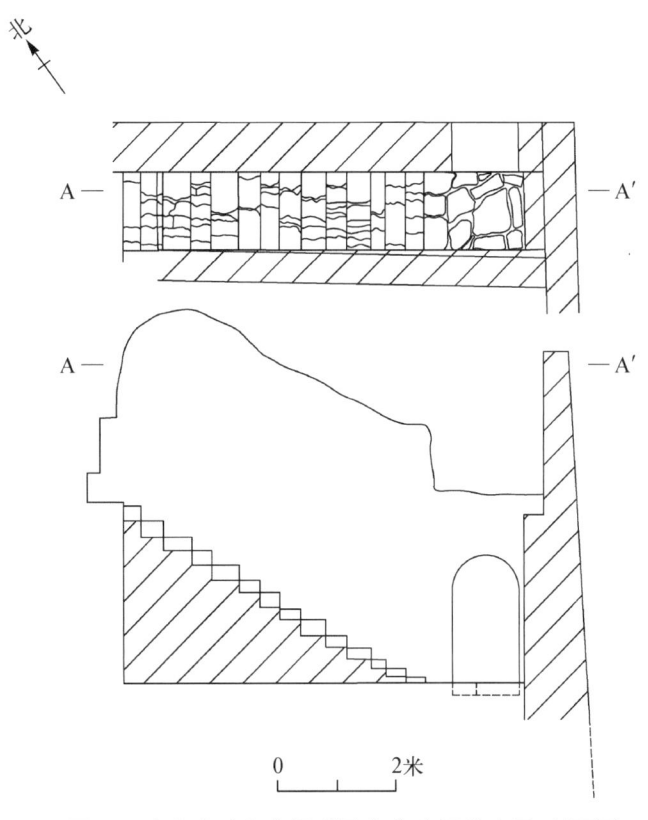

图三 法堂遗址东南通道及东南院门遗迹平、剖面图

（四）东南院门

东南院门位于东院墙的南端，内与东南通道相通，东向，高2.1、宽1.16、深0.18米（彩版一六，2）。该院门为券顶门，门南北两壁分别用石块砌筑，自1.72米处向上开始起券，券顶主要用约1.5厘米厚的单片砖砌筑而成。另外，在其北侧壁面上还残留有石灰粉刷面。东南院

门底部内侧砌有一横向长条形门槛石，长1.15、宽0.18、高0.16米，门槛外侧为用一石板平铺的门道。

（五）西院墙

西院墙位于西巷道西侧，南北向，北接方丈遗址南侧挡土墙，南接南院墙，南北长21.08、宽0.76米。西院墙倒塌严重，其中北部残高仅0.6米，南部保存较完整，高3.9米。墙体用大小不一的石块砌筑。另外在南部墙体的内侧尚残留有石灰粉刷面（彩版一七，1、2）。

（六）南院墙

南院墙位于前庭院南侧边缘，建于平台前挡土墙的顶部，总长18.5、宽0.5、残高1米（彩版一八，1）。南院墙平面呈"之"字形，中东部平直，并与东院墙、东南通道和前庭院的东侧矮墙相接，西部则整体向内缩进1米，向西与西院墙相接。

五、院落以外遗迹

（一）东夹道

东夹道位于法堂遗址内院东侧，北端至方丈遗址的南侧挡土墙，东侧至院落外围的东挡土墙，西至东院墙，南端被破坏不详，残长13.55、宽1.77米。东夹道是一条联系东南院门和东北院门通向外界的主要通道。夹道路面被破坏，仅残存黄土面。东夹道东侧有挡土墙，南北向，残高1.2~2.85米。挡土墙北部保存尚可，中南部被后期修的台阶及路面破坏，主要用大小不一的石块砌筑而成（彩版一八，2）。

（二）西夹道

西夹道位于法堂遗址内院西侧，北端至方丈遗址南侧挡土墙，东侧为外院西挡土墙，东至西院墙，长13.6、宽1.8米。地面被破坏，只残存黄土面。西夹道西侧挡土墙，总体与西院墙平行，南端向西略有弧度，残高1.3~2.4米，主要用大小不一的石块砌筑而成（彩版一九，1、2）。

六、建筑遗址局部解剖情况

为了了解法堂主体建筑基础的构筑方法及是否存在更早的层位关系，发掘人员在建筑局部的无铺装地面进行了解剖（图四）。

（一）解剖坑1

解剖坑1位于西梢间北端，东西长2.55、南北宽1.4、深0.3米。第一层灰褐略偏黄色土，含较多石块和瓦砾，厚30厘米，底部为山岩。东部柱础下磉墩为小石块衬垫，柱础石厚25厘米。西部墙基底部用碎石衬垫作墙基（图五）。

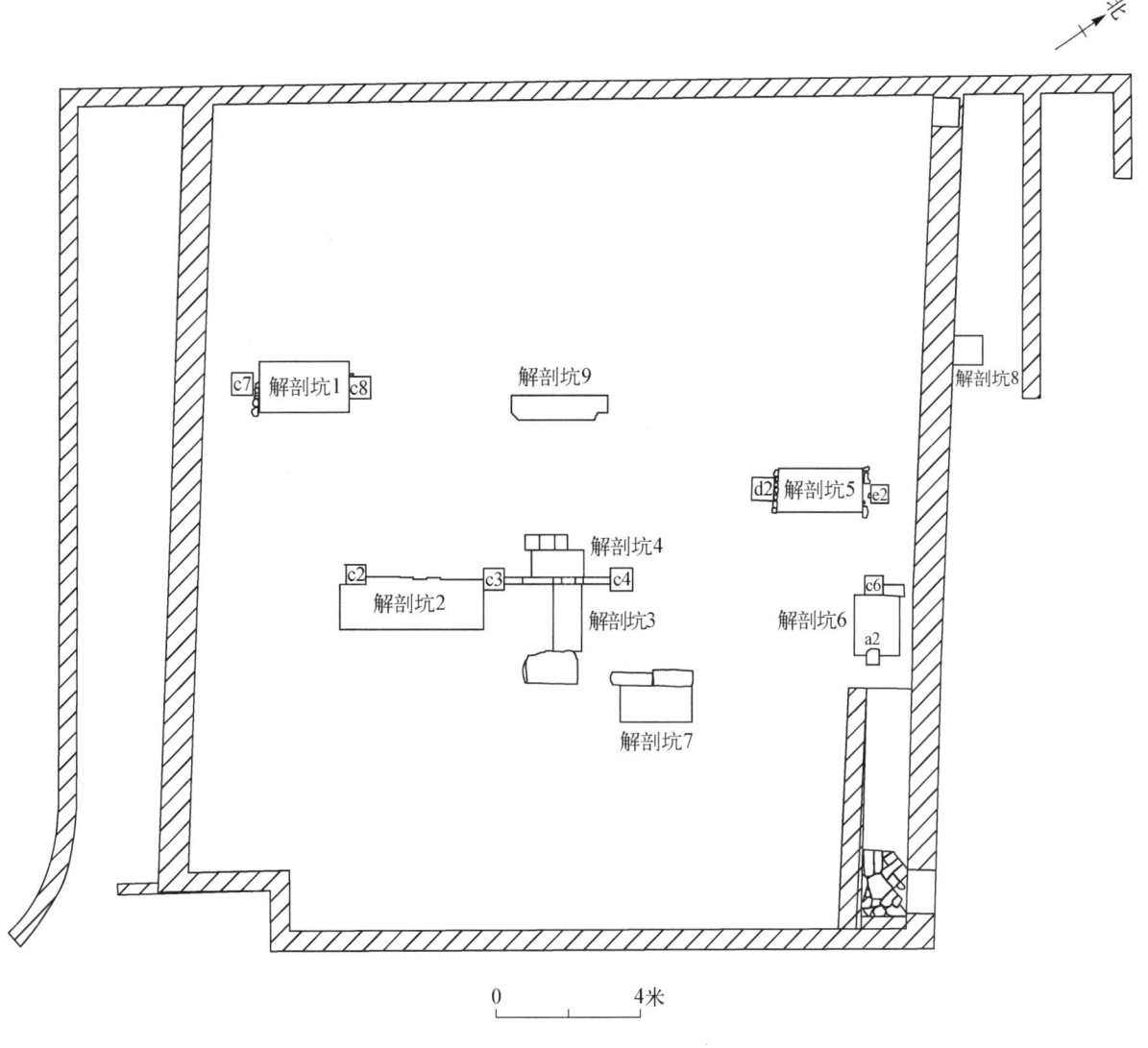

图四 法堂遗址解剖坑位置分布图

（二）解剖坑2

解剖坑2位于前廊西部，东西长4.05、南北宽1.4、深0.05米。残存部分为黄褐色三合土面，说明前廊可能用三合土夯筑地面（图六；彩版二〇，1、2）。

（三）解剖坑3

解剖坑3位于明间石门槛南侧，开一条南北向解剖坑，长1.85、宽0.8、深1.35米。第一层灰褐偏黄色土，含较多石块瓦砾，为填土，厚1.35米，底部为生土，证明前廊底部没有早期或晚期基础痕迹（图七；彩版二一，1）。

图五　解剖坑1平、剖面图

图六　解剖坑2平、剖面图

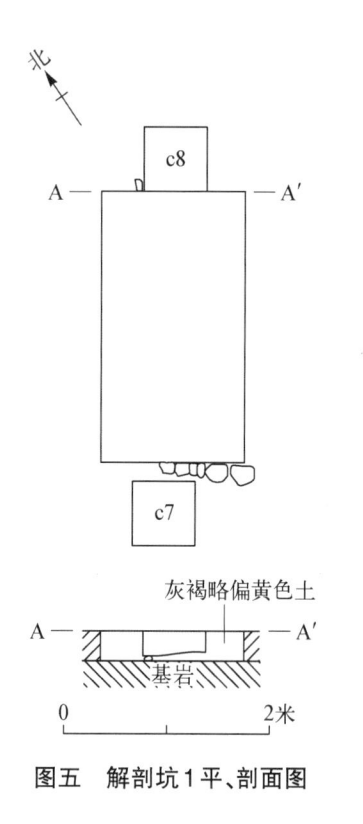

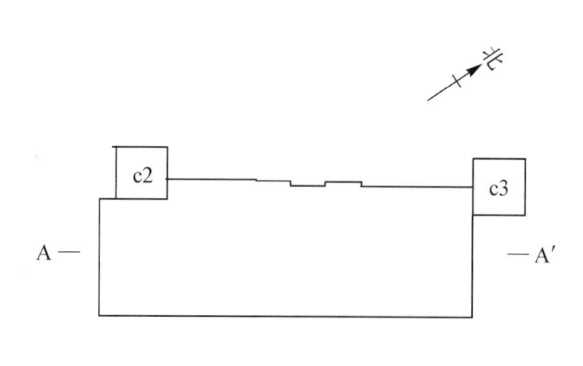

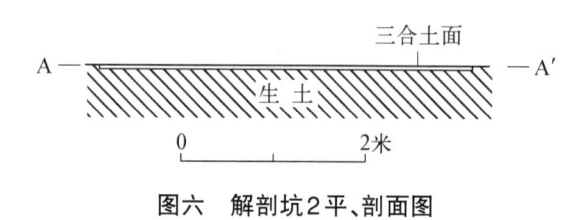

（四）解剖坑4

解剖坑4位于明间石门槛北侧，开一条东西向解剖坑，长1.45、宽0.75、深0.15米。石门槛内侧房屋地面基础可分三层，底层铺砌小石块，平整考究，中间为灰褐色土，厚10厘米，上面一层为铺砌方砖的地面。底层小石块铺砌至石门槛内侧边缘，石门槛下部至南侧前廊不铺砌小石块基础（图八；彩版二一，2）。

（五）解剖坑5

解剖坑5位于东梢间中部，开一条东西向解剖坑，长2.4、宽1.2、深0.2~1.37米。发现部分乱石块堆积，堆积石块紊乱，不成规律，可能是原来此处有一土坑，因防梢间地面下沉而堆放的石块。石块堆积南北揭露长2.15、东西宽1.25、厚1.17米，解剖坑东端为灰褐色土（图九；彩版二二，1、2）。

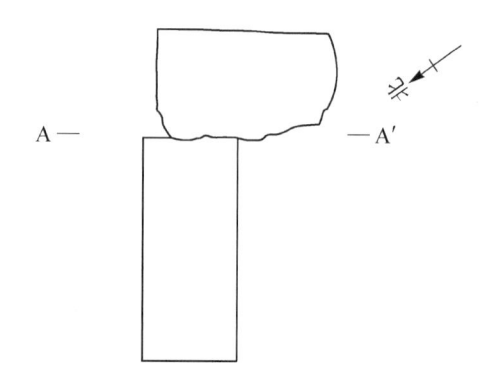

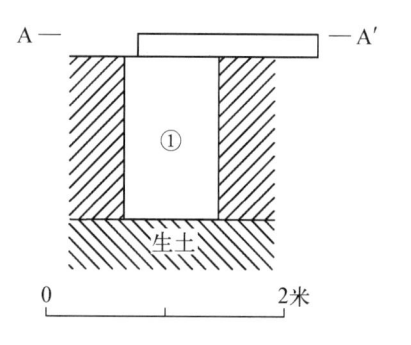

图七　解剖坑3平、剖面图

图八 解剖坑4平、剖面图

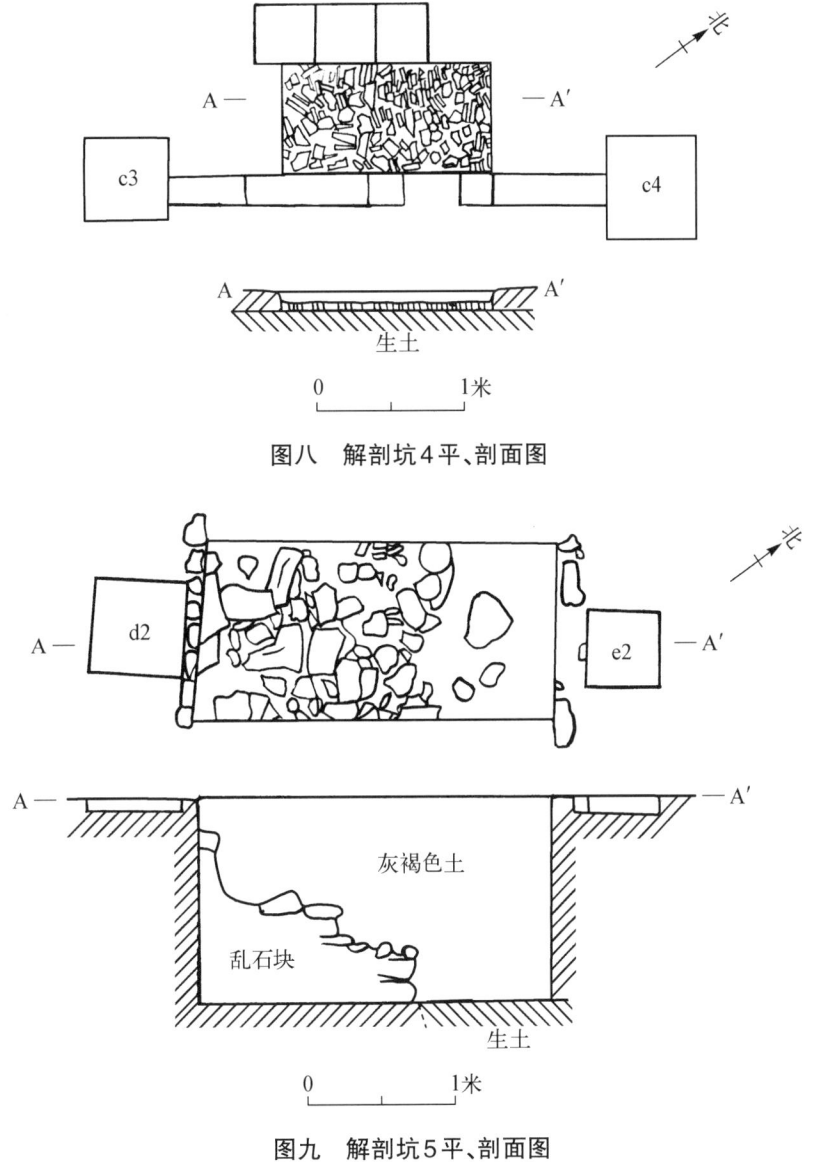

图九 解剖坑5平、剖面图

（六）解剖坑6

解剖坑6位于前廊东部，开一条南北向解剖坑，长1.6、宽1.3、深0.2米。残存两块较大的石块作基础，残长68、残宽69、厚20厘米，并不规整。根据这一现象，估计法堂建筑前廊没有廊墙。北端柱础石底部磉墩为一层小石块铺垫（图一〇；彩版二三，1）。

（七）解剖坑7

解剖坑7位于前廊阶沿石南侧，开一条东西向解剖坑，长2、宽1、深0.9米。阶沿石下为一层小石块作为基础，解剖坑内填土呈灰褐色，含较多瓦砾，底部为生土，未见遗迹现象（图一一；彩版二三，2）。

图一〇 解剖坑6平、剖面图

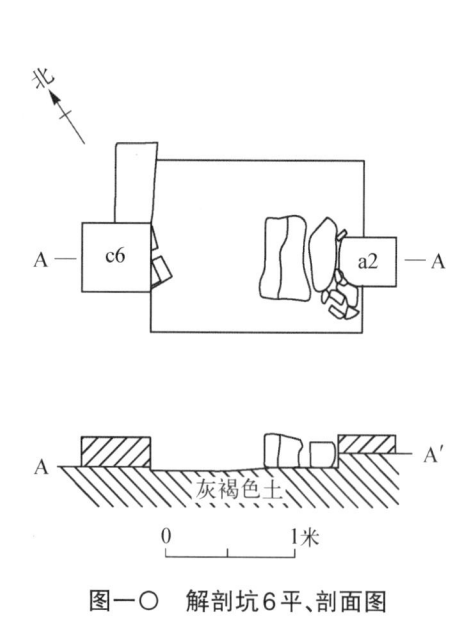

图一一 解剖坑7平、剖面图

（八）解剖坑8

解剖坑8位于东部院墙外道路，东西向，长0.8、宽0.8、深0.95米。经解剖，东院墙基础高0.95米，石块砌筑，上部残存两层砖（图一二；彩版二四，1）。

（九）解剖坑9

解剖坑9位于明间后金柱中间无砖处，东西长2.7、南北宽0.7米。发现建筑基础分为两层：第一层，夯土，黄褐色黏土，厚9厘米；第二层，为大小不一的石块砌筑层，厚8厘米，其下为生土层。由此可知法堂建筑基础作法为：1. 在生土面上砌筑一层厚8厘米、大小不一的石块作基础；2. 在石块基础面上再夯筑一层厚9厘米的夯土；3. 在夯土面上方砖铺地。与解剖坑4的情况基本一致（图一三；彩版二四，2）。

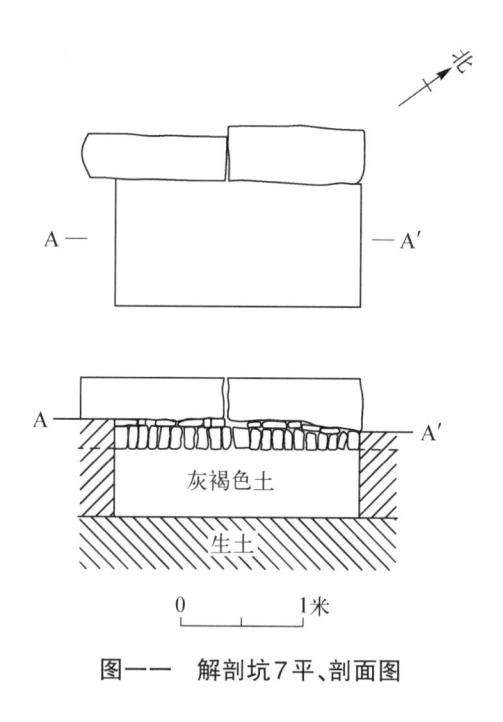

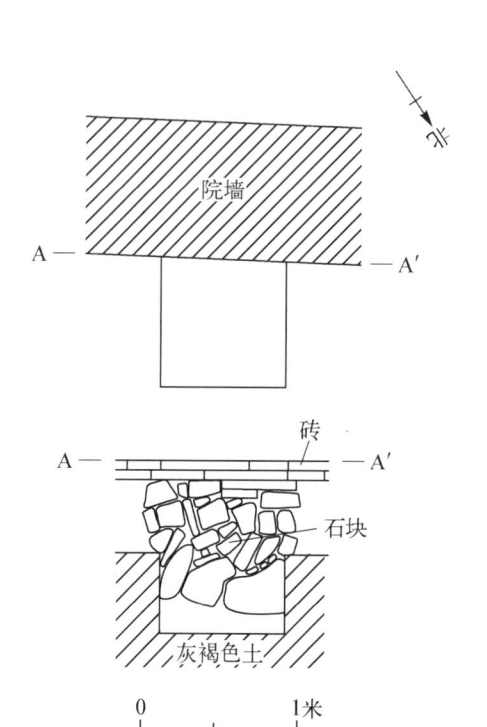

图一二 解剖坑8平、剖面图

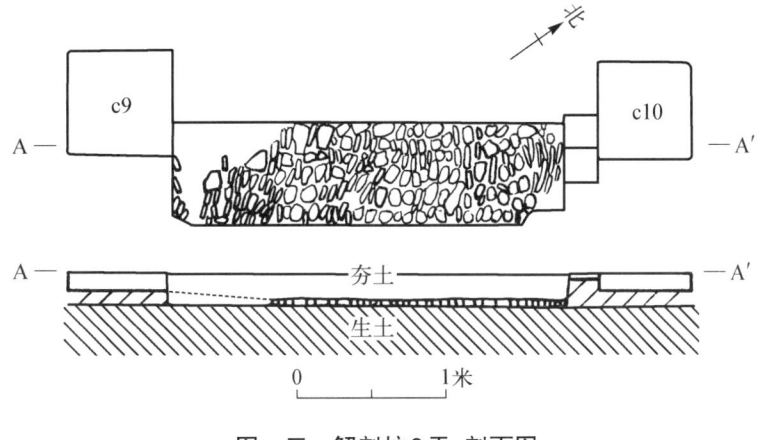

图一三　解剖坑9平、剖面图

七、相关遗物

在法堂建筑遗迹上发现了部分残留的建筑构件，描述如下：

柱顶石　16个，其中13个破碎严重，2个略好，均为圆鼓形。2个略好的柱顶石的尺寸为平面直径32.33、腹径38.45、高16.27厘米（彩版二五，1、2）。

石夯　1个，呈圆柱形，直径15厘米。平面有一方孔，孔径5、深4厘米（彩版二五，3）。

青砖　规格分别为：1. 长方形砖1块，长32、宽17、厚6厘米；2. 长方形砖1块，长27、宽13、厚5厘米；3. 长方形砖14块，长21、宽13、厚2厘米；4. 长方形砖2块，残长15、宽10、厚1厘米；5. 长方形砖35块，长26、宽15、厚4厘米；6. "香糕砖"1块，长26、宽8、厚5厘米（彩版二五，4）。

板瓦　3片，规格分别为：1. 长17、宽15~17、厚1.2厘米，表面被火烧后呈红褐色；2. 长19、宽18、厚1.5厘米（彩版二六，1）。

筒瓦　2片，规格分别为：1. 长31、宽15、厚1.5厘米，一端残缺，表面被火烧后呈红褐色；2. 残长23.5、宽14、厚1.3厘米，表面被火烧后呈红褐色（彩版二六，2）。

勾头滴水　1片，表面模印螭纹（彩版二六，3）。

第三节　法堂遗址的格局与时代

从法堂遗址清理的情况来看，法堂现存的结构为五开间，带前廊，正中为明间，左右依次为次间和梢间，次间和梢间采用隔断墙隔断。法堂明间和次间还采用扇面墙隔断，分成前堂和后堂两个空间。因石块墙基较低平，法堂建筑墙体可能采用砖墙，倒塌后另行利用，因此现场砖块较少，如采用泥墙，地面堆积应较多。法堂有明显经过改建的痕迹：

1. 法堂遗址地面做法：法堂前廊、东西梢间和东西巷道的地面采用三合土地面，地面下无明显基础；根据解剖，可知明间与次间地面是在生土上砌筑一层厚8厘米、大小不一的石块作基础；在石块基础面上再夯筑一层厚9厘米的夯土；最后在夯土面上方砖铺地。在后檐台基基础做法上，明间、次间部分的石块明显较大，梢间和东西巷道部分较小，也显示出是不同时期砌筑的。因此法堂遗址室内地坪修筑时间明显不同。

2. 法堂建筑次间东西两缝墙墙基宽度较东西梢间山墙墙基宽度更宽，在东次间墙基东侧还存在石作痕迹，可以推断法堂建筑的次间和梢间是不同时期的建筑，存在向外扩建的迹象。

3. 在法堂遗址明间两缝前后金柱之间，缺少两根柱子，是明显的减柱造做法。减柱造做法开始于辽金，盛于元代，到明清已经少见。如果按照明间和次间有方砖墁地的建筑部分作为整体考虑，减柱造实际减去的是两根前金柱，与元代寺庙建筑殿堂建筑的做法更为接近。在此出现减柱造做法，应与法堂的建筑年代有关。据《东明寺志》记载，东明寺在明代永乐年间（1403～1424年）由虚白昂禅师始建。由于明初在建筑建造方式上仍可能沿用宋元时期的风格，作为寺庙内重要的礼制建筑，为了最大限度利用建筑空间，故在建造法堂时沿用了元代的减柱造做法。

《东明寺志》记载："法堂，在大殿后，康熙丙午岁，愚山禅师重建。基陛既高，堂复宽敞。吴山越水绕前，翠竹青松拥后。堂后泓泉湛然，冬夏每于此安禅结制，钟板在焉。"[1] 经过清理，在现存建筑基础遗迹下未发现更早时代的遗迹，再通过建筑地面、墙基、柱网结构等做法的比较，可以确定现存法堂遗迹基础应始建于明初，地面建筑则经过清初的重建。因此法堂应该建于明代早期，清康熙五年（1666年）重建。

通过对东明寺遗址的考察，东明寺是明代早期建成的中小型山地佛寺，通过陆续营建，在明代就已经具备了天王殿、大殿、法堂、方丈、禅堂、伽蓝殿等完备的寺庙格局。禅宗寺院与其他佛寺不同，早期"不立佛殿，惟树法堂"[2]，以禅师说法和坐禅为主，因此法堂居于寺院的核心地位。宋元禅寺法堂东西两侧配殿多为伽蓝堂和祖师堂。明代时两配殿移至佛殿两侧，反映了禅寺中心从法堂转向佛殿的发展趋势[3]。

作为明代佛寺建筑，东明寺法堂地位虽然比之宋元有所下降，但仍是东明寺的主要建筑，与天王殿、大雄宝殿、方丈等建筑都位于整个寺庙的中轴线上，呈阶梯状分布。东明寺法堂的院落虽然位于大雄宝殿之后，但法堂建筑坐落在山石挡土墙围合而成的山麓平台上，由挡土墙和院墙围合成一个独立封闭的空间，既可以满足禅师说法和僧俗信众听法的需要，又可以将一般信众的参拜场所进行分隔，保证了法堂在佛寺中礼仪建筑的地位与独立性。

---

[1] 前揭《东明寺志》卷上。
[2] 吕澂：《中国佛学源流略讲》，中华书局，1979年。
[3] 潘谷西：《中国古代建筑史》第四卷《元明建筑》，中国建筑工业出版社，2009年。

第三章 塔院遗址

第一节 塔院位置与遗存分布

塔院位于东明山东侧白花坞卖鱼桥西北侧。白花坞为东明山、西髻峰、大遮山、东髻峰和乌焦山之间的凹地。凹地中间较四周地势高,东侧和西南侧各有一溪沟流经,至卖鱼桥处合流,称东明涧。整个凹地西北高,东南低。塔院选址于凹地东南部缓坡处,踞白花坞而倚大遮山,左有东髻峰及乌焦山,右有西髻峰及东明山,前临东明涧,南望百亩山。塔院所在处为大片密集毛竹包围的阔叶杂木林区,又属亚热带季风气候区(彩版二七,1、2)。

经调查及发掘,发现明清时期墓葬20座,编号M1至M20。道路遗迹2处,编号L1和L2(图一四)。各墓及道路的分布具有一定的规律。M1位于塔院西北方位,与其他墓相比,所处地势最高。L2自M1前顺地势向东南延伸。M2至M6位于L2东北侧,共用一个墓园。余下各墓葬基本处于M2~M6前方,各自独立,成行排列,地势渐低,每行左右分布。M2~M6墓园前一排共五座墓,自西南向东北依次为M8、M9、M10、M11和M7。此排墓前M12、M13和M14并列一排。L2自M12西南方折向东北,叠压于M15之下。M15和M16并列一排,M18、M19和M20并列一排。M17则位于M15和M18之间L2西侧。

另发现宋墓一座,被M8叠压。

第二节 塔院遗存

包括墓葬、道路及出土遗物。其中,墓葬20座,道路2处,并发现少量墓塔石构件。

一、墓葬

墓葬依发掘先后顺次编号为M1至M20,现依序逐一介绍。

(一) M1

1. 墓葬形制

M1位于塔院西北部,方向143°。由平台、墓园和墓室等组成(图一五;彩版二八,1、2)。

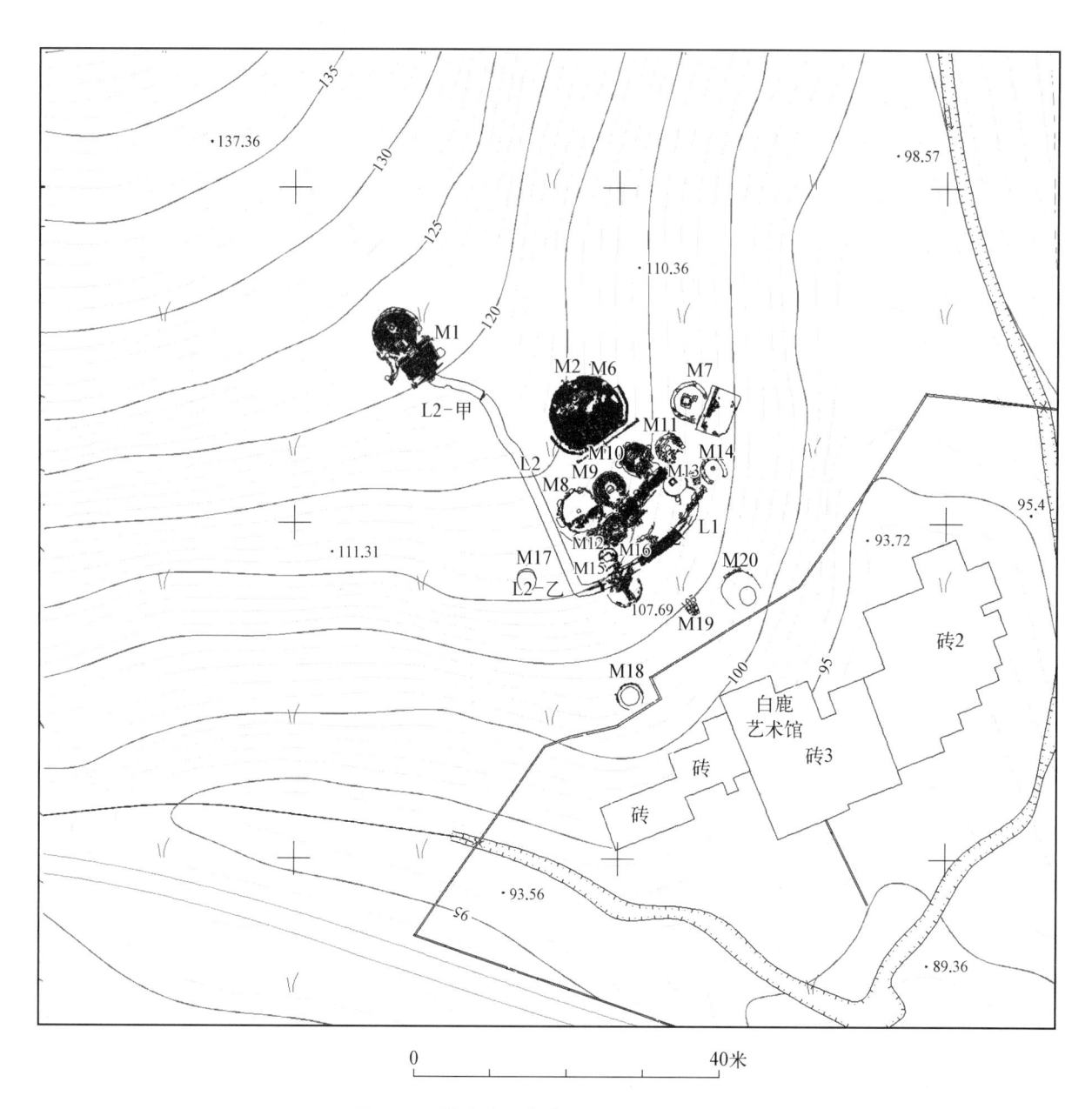

图一四 塔院遗址墓葬及道路遗迹分布图

第三章 塔院遗址

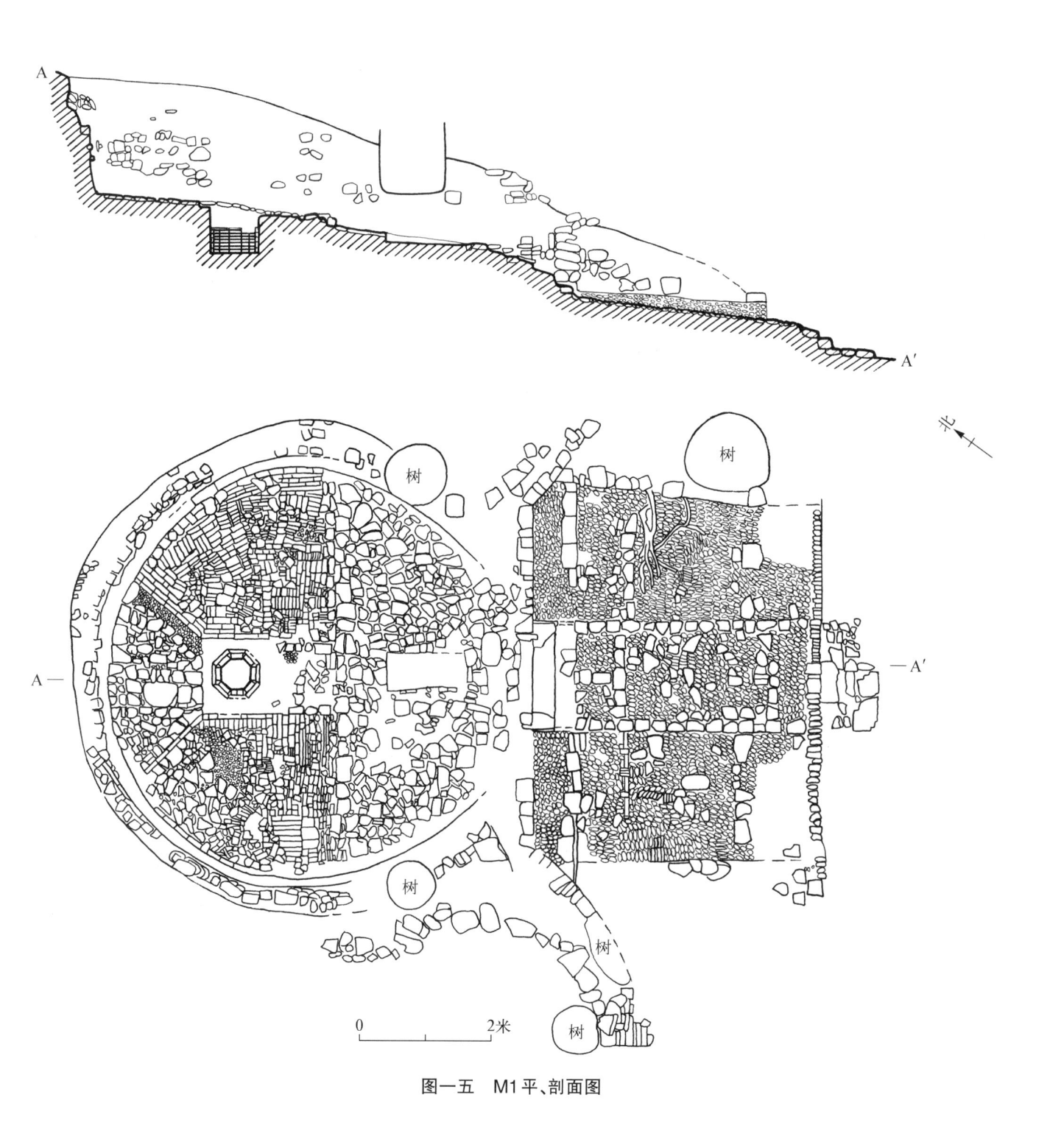

图一五 M1平、剖面图

平台位于墓园之前，平面呈长方形，东西长5.6、南北宽4米。平台铺地用石块、卵石拼嵌而成，以卵石为主。平台东西两侧用石块包边，并有辟土墙。平台的正中间有一条甬道，南北向，长4、宽1.7米。甬道的中间由卵石、石块及砖块砌成，两侧以石块纵列平铺包边，以与平台铺地分隔（彩版二九，1）。平台的南侧用石块砌筑二级踏跺，第一级长1.5米，宽0.28米，高0.14米；第二级长1.06米，宽0.34米，高0.13米（彩版二九，2）。踏跺南与L2相连。

墓园平面略呈椭圆形，南北长6.7、东西宽6.2米，由园墙和地坪两部分组成。园墙残高1～1.7米，由石块及少量碎砖堆砌成，大部分已坍塌。地坪可分为前后两部分，后部地坪略高于前部，且面积略大，主要用石块、卵石和砖块拼嵌而成，其中心处为一近方形空缺，长1.17米，空缺内为墓室。在墓室前有一长方形石块砌筑的基础，东西长1.1、南北宽0.7米，应与供桌有关（彩版三〇，2）。前部地坪主要用不规则石块平铺而成，应为拜坛，其中心处有一长方形空缺，南北长1.25、东西宽0.55米，原应有长方形石板平铺。另外在墓园之上土层的清理过程中，发现石质山花蕉叶（M1：1）、窄长条砖等遗物。

墓园前东西两侧为摆手，平面为八字形，用材及做法与园墙相同，坍塌严重。墓园南侧与平台之间有台阶相连。台阶用石块砌筑，台阶长5.6、宽0.49米。现残存顶部一级石阶，高约0.16米，其下破坏。整个M1的墓园地面及平台呈北高南低的斜坡状。

墓室位于墓园内后部，墓室平面呈八边形，对角直径0.47、深0.85米（彩版三〇，1）。墓壁由内外两圈砖砌成。内圈用梯形砖对缝平铺叠砌，残存7层，砖短边长20、长边长24、宽8、厚4厘米。外圈用长方形砖侧砌，砖长24、宽8、厚4厘米。墓底部为山体岩石。墓室内为塌陷的石块和黄土，清理出较少的遗骨和一颗黑色的结晶体（彩版三一，1）。

2. 出土遗物

M1：1 石质山花蕉叶 稍残。水成岩质，灰白色。近似三棱锥体。上端尖角，双弧形外展，底部宽大，底部有一隼头。石质山花蕉叶通高35.1厘米，底部直边长22厘米。隼头长4、宽约7.6厘米（图一六；彩版三一，2）。

（二）M2～M6

1. 墓葬形制

M2～M6位于同一个墓园内的后部，各墓室呈"品"字形排列，中为M4，左一为M5，左二为M6，右一为M3，右二为M2（图一七；彩版三二，1、2）。

墓园近圆形，方向156°，由园墙和地坪两部分组成，南北长11、东西宽11.55米。园墙用石块砌筑，残高

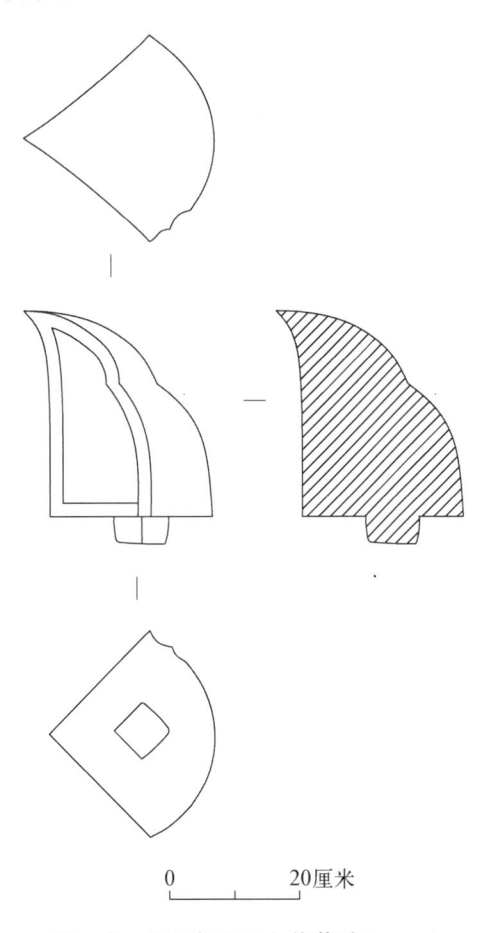

图一六 M1出土石山花蕉叶（M1：1）

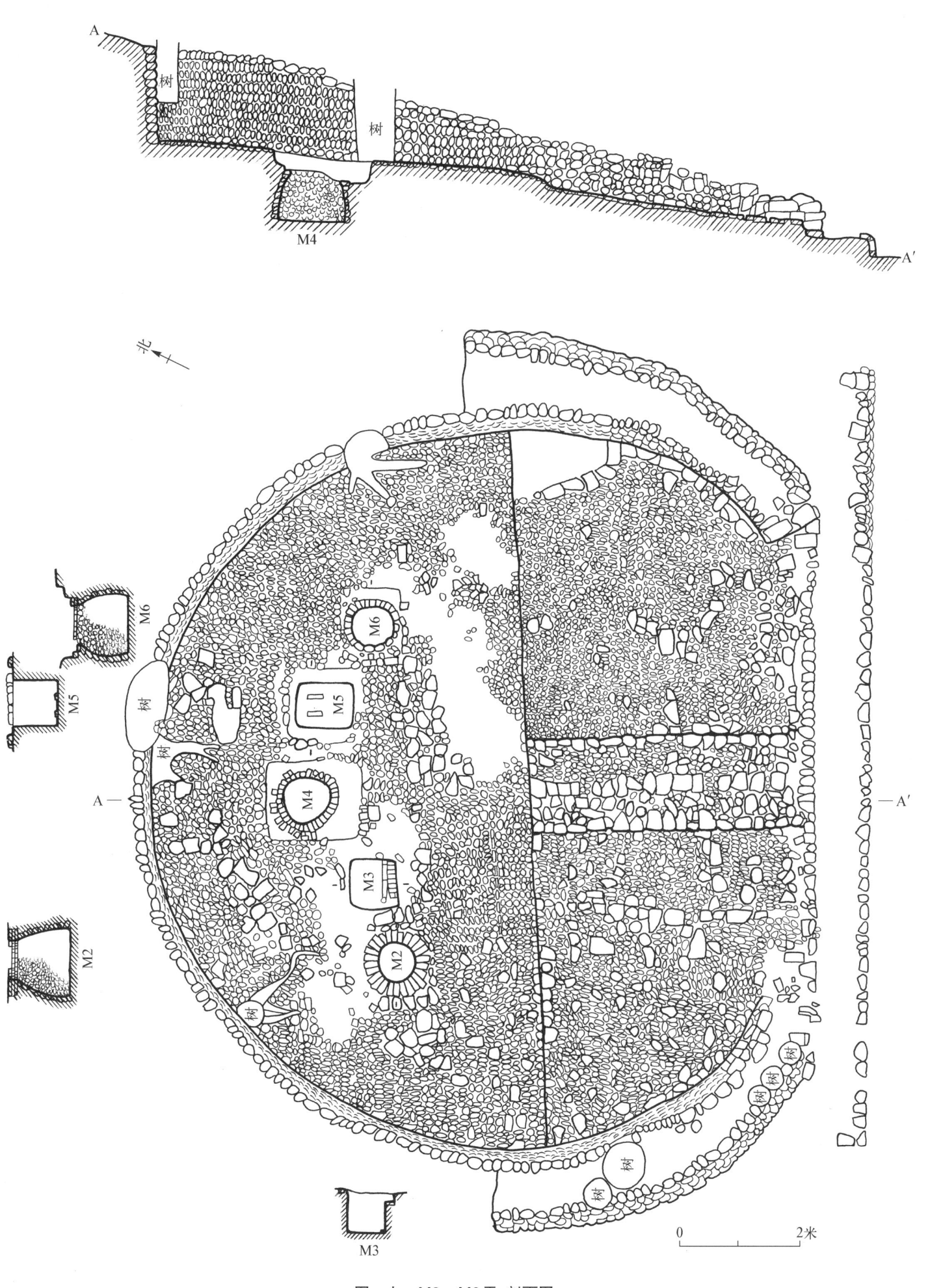

图一七　M2～M6平、剖面图

0.6~1.4米。地坪分前后两部分，均用规则不一的石块铺成，后部地坪高于前部地坪约0.1米，前部地坪应为拜坛（彩版三三，1）。在前部地坪的中间用略大的石块分隔出一条南北向甬道，长4.5、宽1.6米（彩版三三，2）。墓园前不设园墙，只在地坪前修建一道挡土墙护边，挡土墙东西长12.4米。其中，东面长3米的一段保存比较完整，高0.55米。其余段残高约0.1米，多仅残存一层石块（彩版三四，1、2）。另外在清理墓园时发现石基座（M2～M6：1）和石塔刹（M2～M6：2）等构件，均残。

M4 墓室平面近圆形，墓室上方残存一个长1.55、宽1.25米的长方形缺口（彩版三五，1）。墓室口小底大，从上往下至底部呈弧形外扩，墓壁用大小不一的石块砌筑，墓底较平，为灰黄色山土层，其中残存口部内径0.8、残深0.8米，墓底距地坪深约1.2米。墓室清理至深0.7米处时，发现泥土中有骨头碎末、泥质灰陶六边形盘（M4：1）和粗瓷盖（M4：2）。

M5 墓室平面呈长方形，墓室上方残存一个长1.2、宽1.1米的长方形缺口（彩版三五，2）。墓室长1、宽0.75米，墓底距地坪深约0.85米。墓壁及底为夯实的沙灰土，墓壁较直，墓底平。墓室清理至深0.7米处时，发现泥土中有一瓷缸的残底及遗骨碎末。在缸底垫有两块平行排列的长方砖，砖长25、宽8、厚4厘米（彩版三六，1）。

M3 墓室平面呈长方形，墓室上方的地坪破坏较严重。墓室长0.85、宽0.6米，墓底距地坪深约0.7米（彩版三六，2）。墓壁及底为夯实的沙灰土，墓壁较直，墓底较平。墓室清理至深0.6米处时，发现有骨头碎末，直至墓底。

M6 墓室平面近圆形，墓室上方残存一个长1.15、宽1米的长方形缺口（彩版三七，1）。墓室口小底大，从上往下至底部呈弧形外扩，墓底较平。墓室残存口部内径0.6、残深0.95米，墓底距地坪深约1.25米，其中残存口部尚存一至二层残砖，其下墓壁用大小不一的石块砌筑，墓底为山体岩石。墓室清理深度至0.15米处时，发现有大量遗骨碎末，直至底部。遗骨中可辨有牙齿、肱骨头等。

M2 墓室平面呈圆形，墓室上方残存一个长1.15米近方形的缺口（彩版三七，2）。墓室口小底大，从上往下至底部呈弧形外扩，墓底较平。墓室口部内径0.65、深1.05米，其中口部用三层长25、宽7、厚4厘米的条形砖砌筑，其下用大小不一的石块砌筑，墓底为山体岩石。墓室清理至深0.1米处时，发现有大量的遗骨碎末，直至底部。

2. 出土遗物

M2～M6：1 石基座 残。水成岩质，灰白色。两侧面均雕有花纹，基座平面中心有圆形穿孔。残长41、残宽30.1、残高16.8厘米（图一八，1；彩版三八，1）。

M2～M6：2 石塔刹 残。水成岩质，灰白色。圆柱形，上部为顶珠，上刻火焰纹，下刻莲瓣纹。下部为五圈相轮。塔刹残高42.9厘米，底部直径22厘米（图一八，2；彩版三八，2）。

M4：1 泥质灰陶六边形盘 稍残。敞口，斜腹，平底。边长12、口径22、底径17厘米（图一九，1；彩版三九，1）。

M4：2 粗瓷盖 可复原。盖口敞口，盖顶较小呈圆形，盖面有五圈弦纹。盖口径11、高4厘米（图一九，2；彩版三九，2）。

第三章 塔院遗址

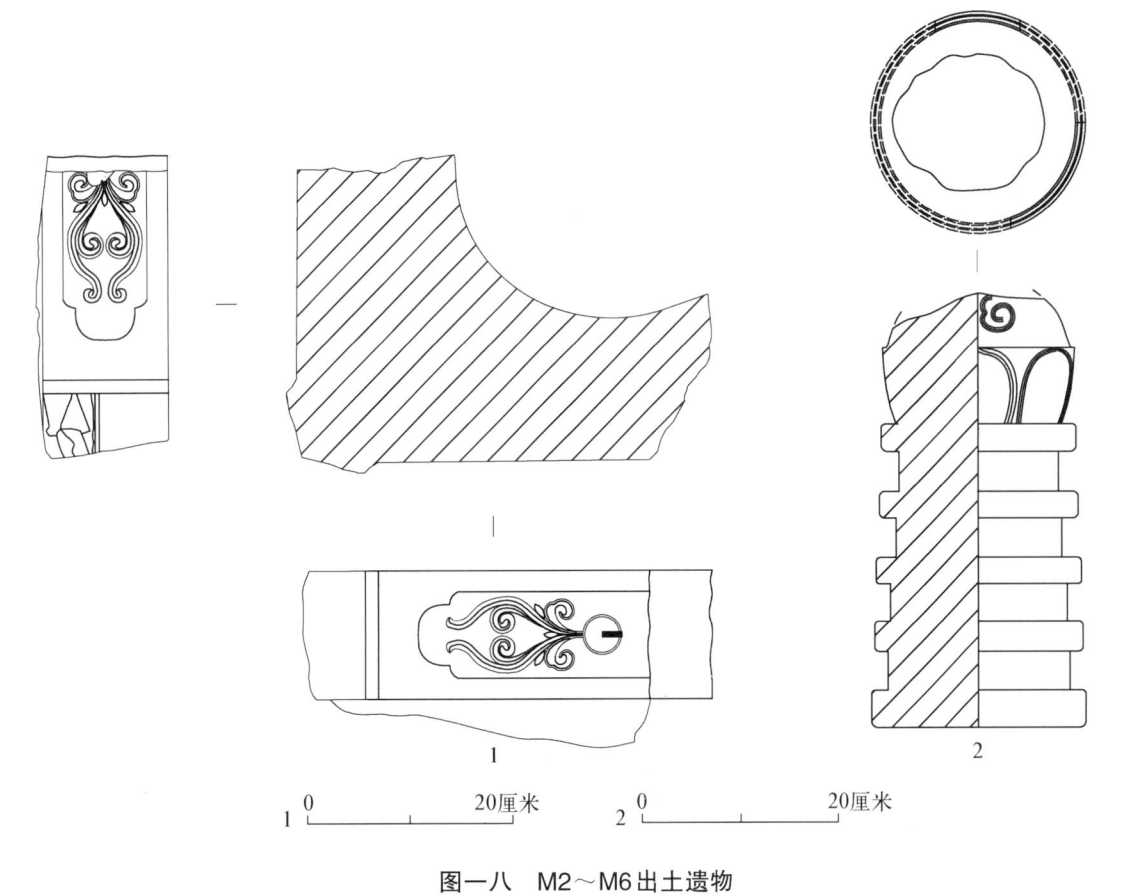

图一八 M2~M6出土遗物

1. 石基座(M2~M6:1) 2. 石塔刹(M2~M6:2)

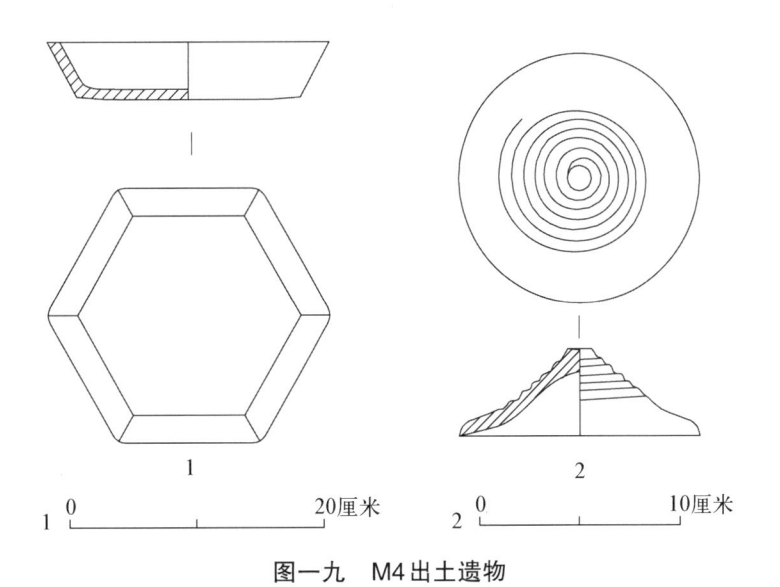

图一九 M4出土遗物

1. 陶盘(M4:1) 2. 粗瓷盖(M4:2)

（三）M7

M7位于M2～M6的东南面，方向100°，由墓园前平台、墓园和墓室等组成（图二〇；彩版四〇，1、2）。

平台位于墓园的前部，平面呈长方形，南北长6、东西宽4.3米，低于墓园地坪约0.2米。平台地坪残存部分用规格不一的石块铺地。由平台地坪纵轴线上铺设的三块连续的近长方形的较大石块来看，原地坪中部可能分隔出甬道（彩版四一，1）。

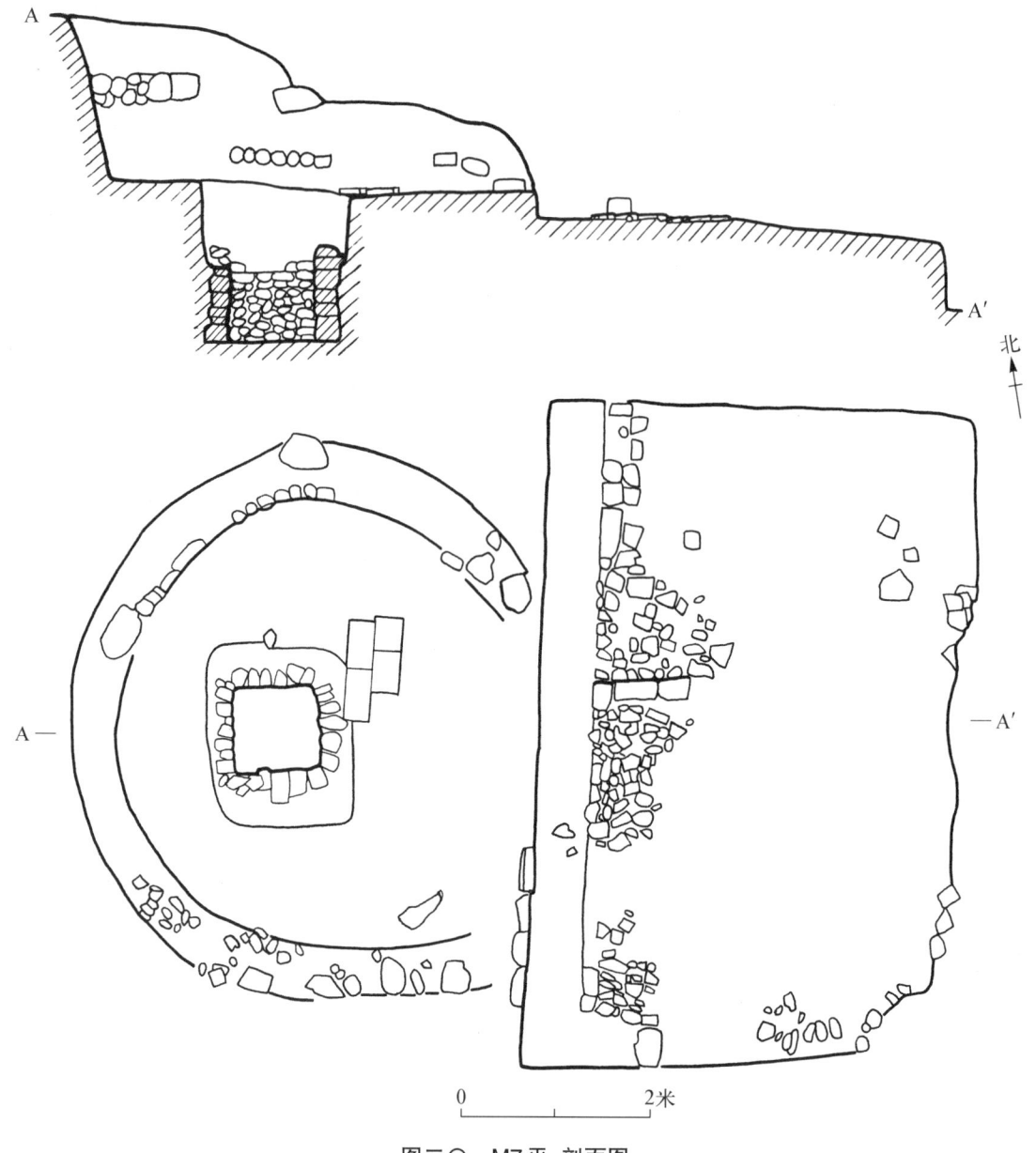

图二〇　M7平、剖面图

墓园平面近圆形，由园墙和地坪两部分组成，南北长4.5、东西宽4.7米。园墙严重坍塌，原由石块及碎砖堆砌而成，残高0.7~1.5米。揭露后的墓园地面多为黄土，仅在墓室左前方残存4块长方形石板，墓园地坪原可能铺设此类石板。石板长35至50厘米不等，宽30厘米（彩版四一，2）。墓园前缘不设园墙，而是侧砌一列较直的土衬石，兼作墓园地坪的挡土墙。土衬石现残存4块，露明面较平整，长30至45厘米不等。

墓室位于墓园中心偏后处，平面近方形（彩版四一，3）。墓坑为夯实的沙灰土，平面略呈长方形，长1.9、宽1.5、深约1.7米。墓壁用石块砌筑，平面呈正方形，长0.9、残深0.9米。墓底为山体岩石，较平整。墓室内主要为遗骨碎末。

（四）M8

M8位于M9西侧，方向155°，由墓园、墓室等组成（图二一；彩版四二，1、2）。

墓园平面近椭圆形，分园墙和地坪两部分，南北长6.6、东西宽5.5米，墓园前缘不设园墙。园墙用石块砌筑，大部分已经坍塌，高0.4~1.8米。墓园地坪分前后两部分。前、后地坪之间用一排砖侧砌分隔，后部地坪为黄土地面，前部地坪用大小不等的不规则形石块平铺。墓园南端外侧用石块砌筑台阶，东西长2.4、南北宽0.4米，每级高约0.15米。

墓室为土坑，平面近圆形，直径约0.5、深约0.52米（彩版四三，1）。坑壁及底为夯实的沙灰土。

另外墓园后侧园墙下叠压一座用石板覆盖的宋代砖室墓（彩版四三，2）。

（五）M9

M9位于M8东侧，方向144°，由平台、墓园和墓室等组成（图二二；彩版四四，1、2）。

平台位于墓园之前，平面呈长方形，东西长3.3、南北宽2.6米（彩版四五，1）。平台地坪主要用砖块侧砌，其间夹有少量石块。平台前为一横向的道路，以大小不一的石块平铺，近墓侧残存包边，以略呈长条形的石块纵向侧砌，兼作M9平台的挡土墙。

墓园平面呈圆形，由园墙、地坪两部分组成，南北长5.3、东西宽5.2米，墓园南侧不设园墙。园墙为石块砌筑，残高0.25~2.1米。园墙底部一圈石块保存较好，其上多已坍塌。墓园内地坪用规格不一的石块铺成，中间高，周边低，便于散水。墓园南侧与平台之间用台阶相连。从下往上第一级东西长2.35、南北宽0.35米，第二级东西长3.2、南北宽0.35米，每级高约0.25米。

墓室位于墓园中心，平面呈马蹄形（彩版四五，2）。墓坑直径1.5米，墓室内径1米，墓底距墓园地坪深1.48米。墓室破坏较严重，上半部分仅存夯实的沙灰土坑壁，下半部分残存平面弧形的长条石块三层，错缝叠砌。墓底部用两块石板平铺。墓室底部清理出大量的炭化灰烬和少量的石灰结块，未见遗骨。揭露时，覆盖在炭化灰烬和石灰结块堆积上的是灰褐色土，含有石块，质较疏松。

图二一　M8平、剖面图

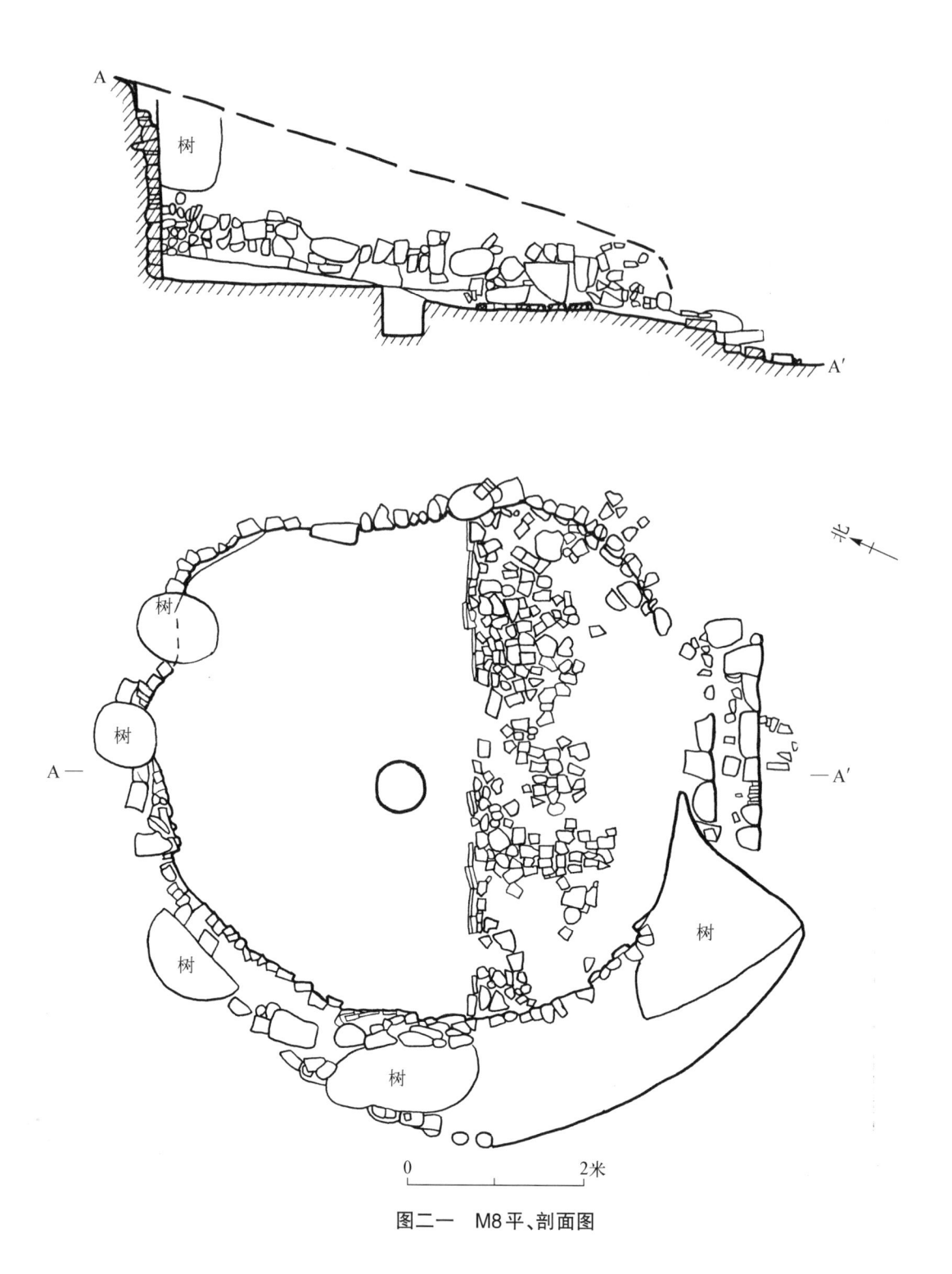

图二二 M9平、剖面图

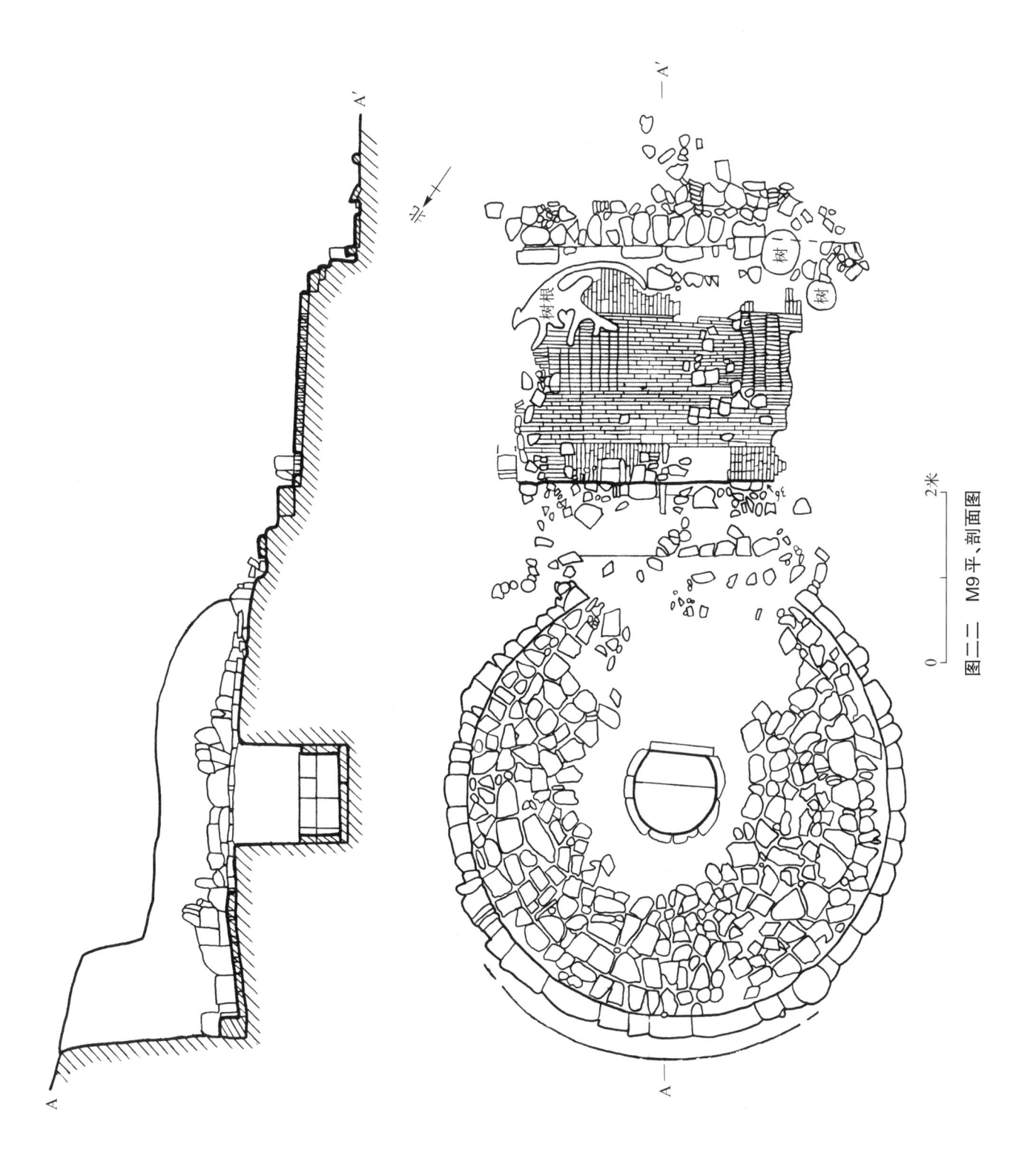

（六）M10

1. 墓葬形制

M10位于M9东侧，方向134°。由平台、墓园和墓室等组成（图二三；彩版四六，1、2）。

平台位于墓园之前，平面呈长方形，长6.4米，宽1.4米（彩版四七，1、2）。平台地坪西部为石块铺设，中部和南部为砖块侧砌，南侧用石块包边，东侧用一块长条形条石包边。

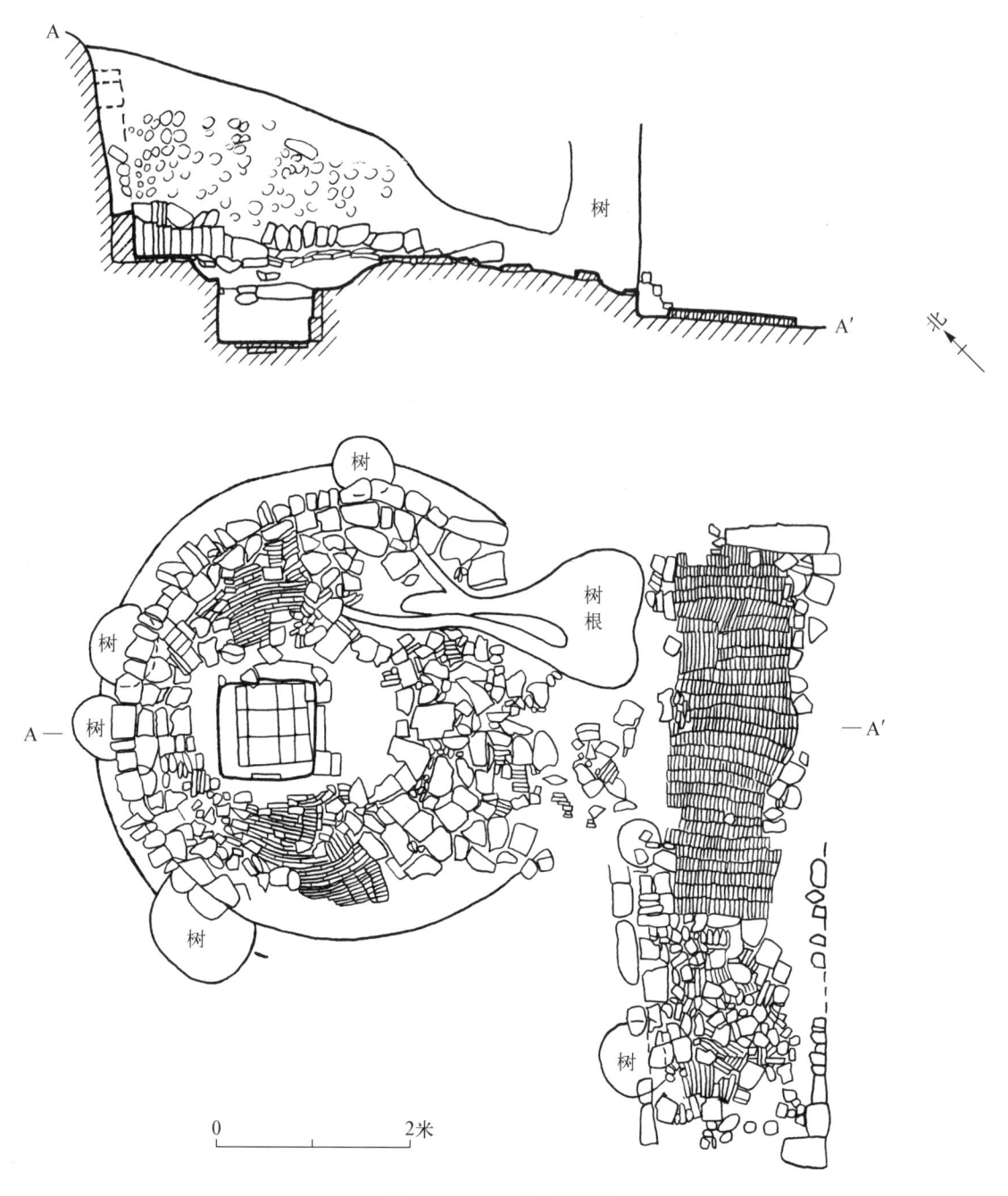

图二三　M10平、剖面图

墓园平面近圆形，由园墙和地坪组成，南北长5.4米，东西宽4米，墓园前端不设园墙。园墙用石块砌筑，下部保存比较好，上部坍塌严重，残高0.5～1.87米。墓园内地坪用规格不一的石块和砖块混砌。

墓室位于墓园中间，平面呈正方形，长1.05米，墓底距墓园地坪深1米（彩版四八，1）。墓壁用石块砌筑。墓底铺砖，四周用长27、宽13、厚4厘米的长方砖平铺，中间用一块长33、宽27、厚4厘米的长方砖平铺（彩版四八，2）。墓室内清理至深50厘米处时，发现遗骨碎末，直至墓底。另外在墓室中出土青花瓷罐盖（M10:1）和青花瓷碗（M10:2）等遗物。

2. 出土遗物

M10:1　青花瓷罐盖　可复原。盖口径13、高8厘米。子母口，弧腹，盖面有一圆形器纽。白胎，青白釉，饰青花缠枝牡丹花纹（图二四，1；彩版四九，1）。

M10:2　青花瓷碗　可复原。敞口，弧腹，圈足。白胎，青白釉，外侧饰青花缠枝花纹，内底饰两道弦纹和一个圆形图案，圈足内底饰两道弦纹和一个方形图案。口径13.7、底径6、高6.8厘米（图二四，2；彩版四九，2）。

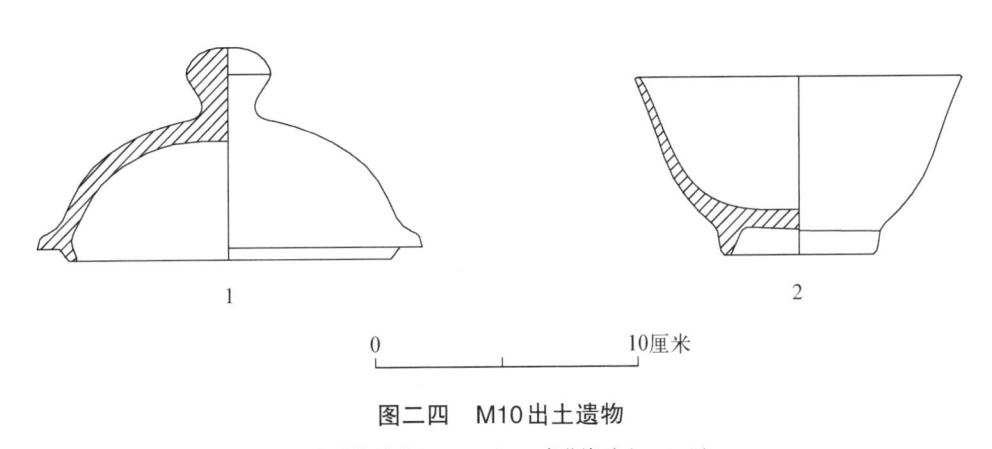

图二四　M10出土遗物

1. 青花瓷罐盖（M10:1）　2. 青花瓷碗（M10:2）

（七）M11

M11位于M10东侧，方向130°，由墓园和墓室组成（图二五；彩版五〇，1、2）。

墓园平面近圆形，由园墙和地坪两部分组成，墓园南北长3、东西宽2.46米，墓园前不设园墙。园墙用规格不一的石块砌筑，大部分已坍塌，残高0.4～1.4米。墓园内地坪残存少部分铺设的石块。

墓坑平面近方形，长0.7米，墓底距墓园地坪深0.62米（彩版五一，1）。墓壁及墓底为夯实的沙灰土，墓壁较直，墓底较平。另外在墓坑西北面地坪下有平铺的两块石板，墓坑前的地坪下铺设有少量石块。墓坑内清理至深30厘米处时，发现遗骨碎末，直至墓底。

图二五　M11平、剖面图

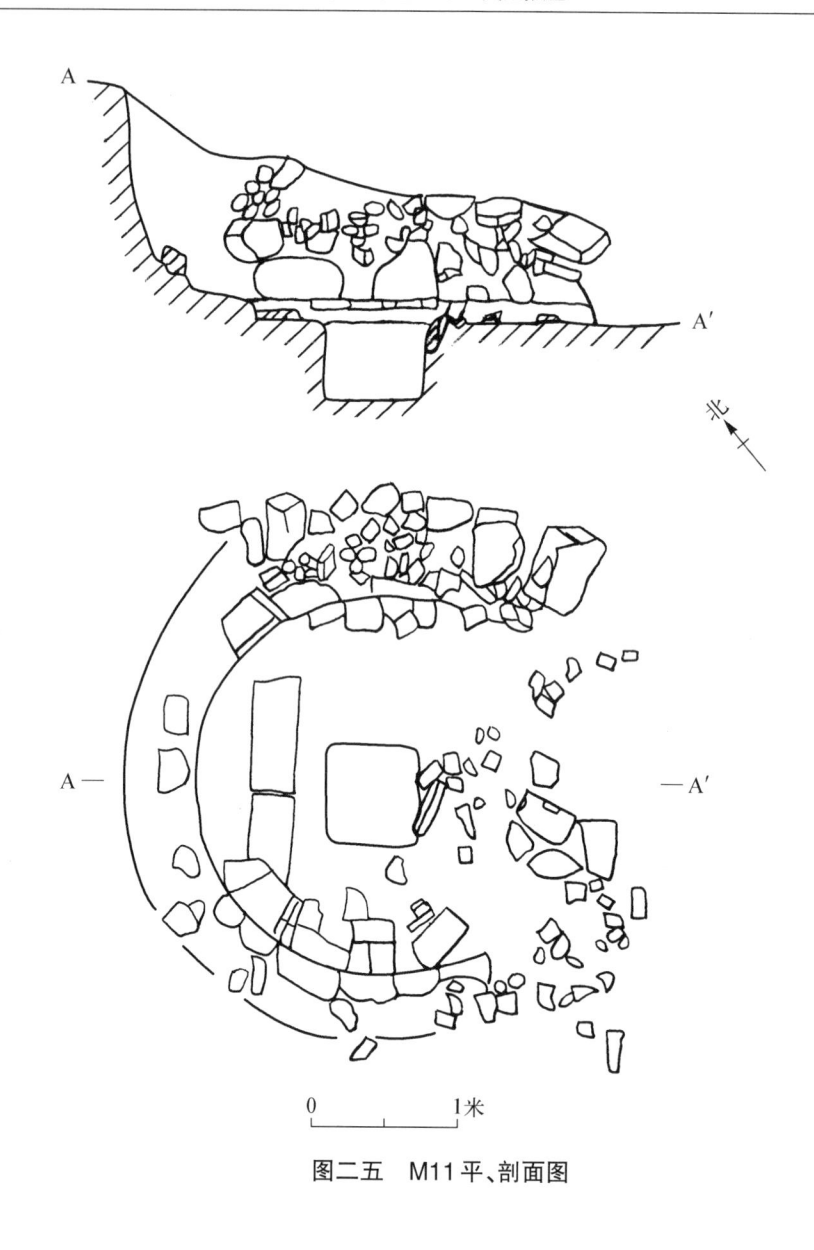

（八）M12

1. 墓葬形制

M12位于M8和M9之间的南侧，方向150°，由墓园和墓室组成（图二六；彩版五一，2）。

墓园近圆形，由园墙和地坪两部分组成，南北长3.5、东西宽3.4米，墓园前不设园墙。园墙用石块砌筑，底部保存较好，上部坍塌严重，残高0～1.2米。墓园内地坪用规格不一的石块铺设。墓园前部中间用砖块砌筑一长方形的基础，其前缘已残缺，其上可能置供桌（彩版五二，1）。另外在清理墓园内地坪堆积中发现石望柱（如M12∶1）等构件（彩版五二，2）。

墓室位于墓园的中间，平面呈马蹄形，径1.3米，墓底距墓园地坪深1.48米。墓坑壁为夯实的沙灰土，墓坑下部为用平面呈弧形的长条石块错缝叠砌的墓室，内径1.05、深0.92米，石块共4层。

图二六 M12平、剖面图

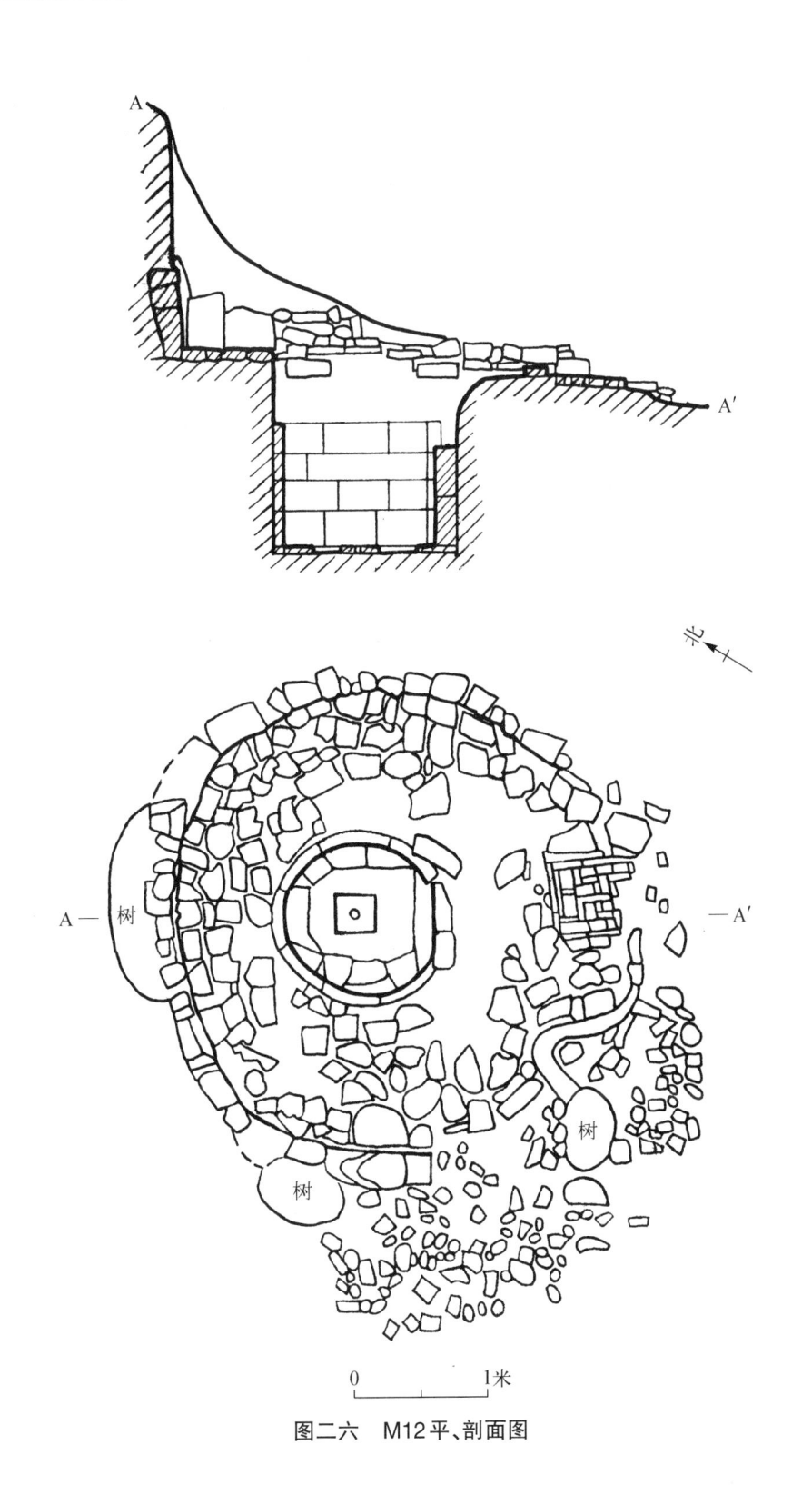

墓底四周用残砖平铺，中间为一块长32、厚6厘米方砖平铺，方砖中间有一圆形穿孔，孔径7厘米（彩版五三，1）。墓室内清理出2件石基座，一件完整（M12:2），一件裂成三块（M12:3），均应为墓塔基座部分（彩版五三，2）。另外在石构件下清理出遗骨。

2. 出土遗物

M12:1　石望柱　残。细砂岩质，青色，表面粗糙。柱身截面呈五边形，其中两侧边较宽，并各凿有一个长方形卯孔，底端有一榫头，偏于一侧。上部为柱头，四边雕有覆莲纹，顶部雕有莲花纹。柱身窄边长5、宽边长11.5厘米，整件高41.5厘米。卯孔长5、宽2.5、深1.5厘米（图二七；彩版五四，1）。

M12:2　石基座　完整。细砂岩质，青色。平面呈六边形。顶面边缘内侧浅内凹，中间有一椭圆形凸起，边缘向下弧形外展，底部线脚平直。顶面边长46、对角直径92厘米；底部边长50、对角直径100厘米，高13.7厘米（图二七，2；彩版五四，2）。

M12:3　石基座　可复原。细砂岩质，青色。平面呈六边形。顶面边缘内侧浅内凹，中间有一椭圆形凸起，边缘向下弧形外展，底部线脚平直。顶面边长45.5、对角直径91厘米；底部边长51、对角直径102厘米，高15厘米（图二七，3；彩版五五，1）。

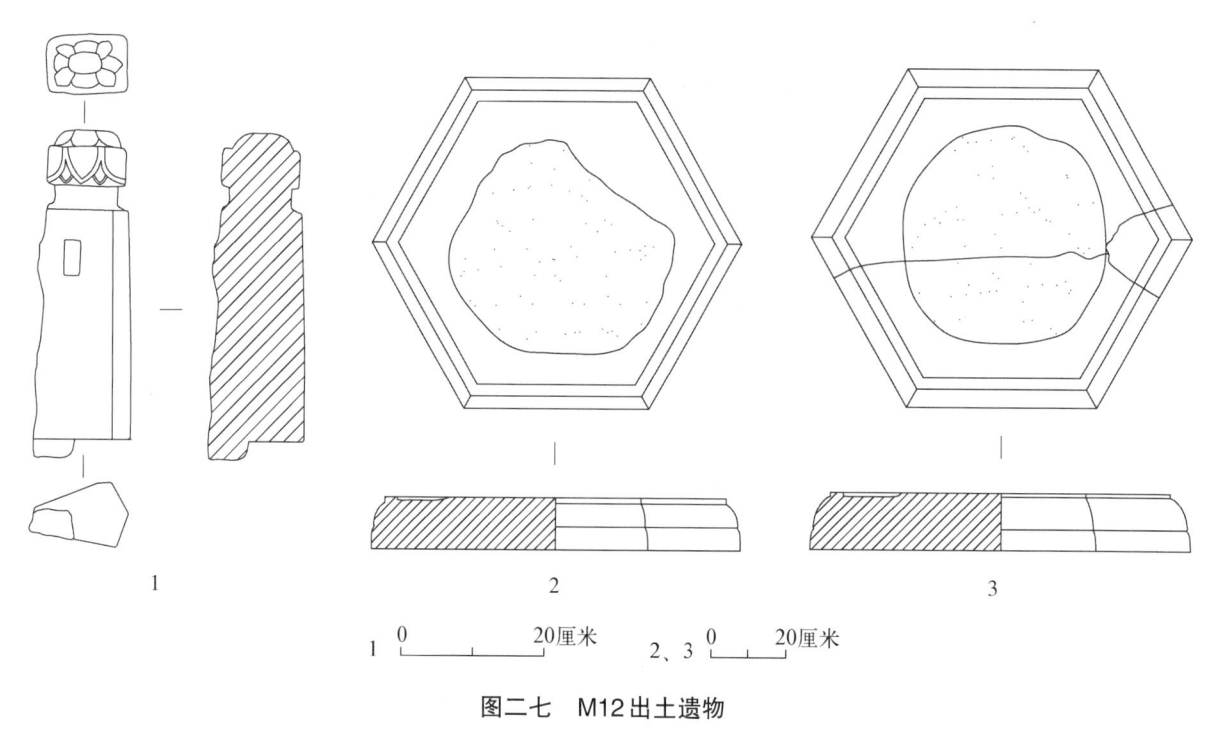

图二七　M12出土遗物

1. 石望柱（M12:1）　2、3. 石基座（M12:2、M12:3）

（九）M13

1. 墓葬形制

M13位于M11南侧、M14西侧，方向155°，由墓园和墓室组成（图二八；彩版五五，2）。

图二八 M13平、剖面图

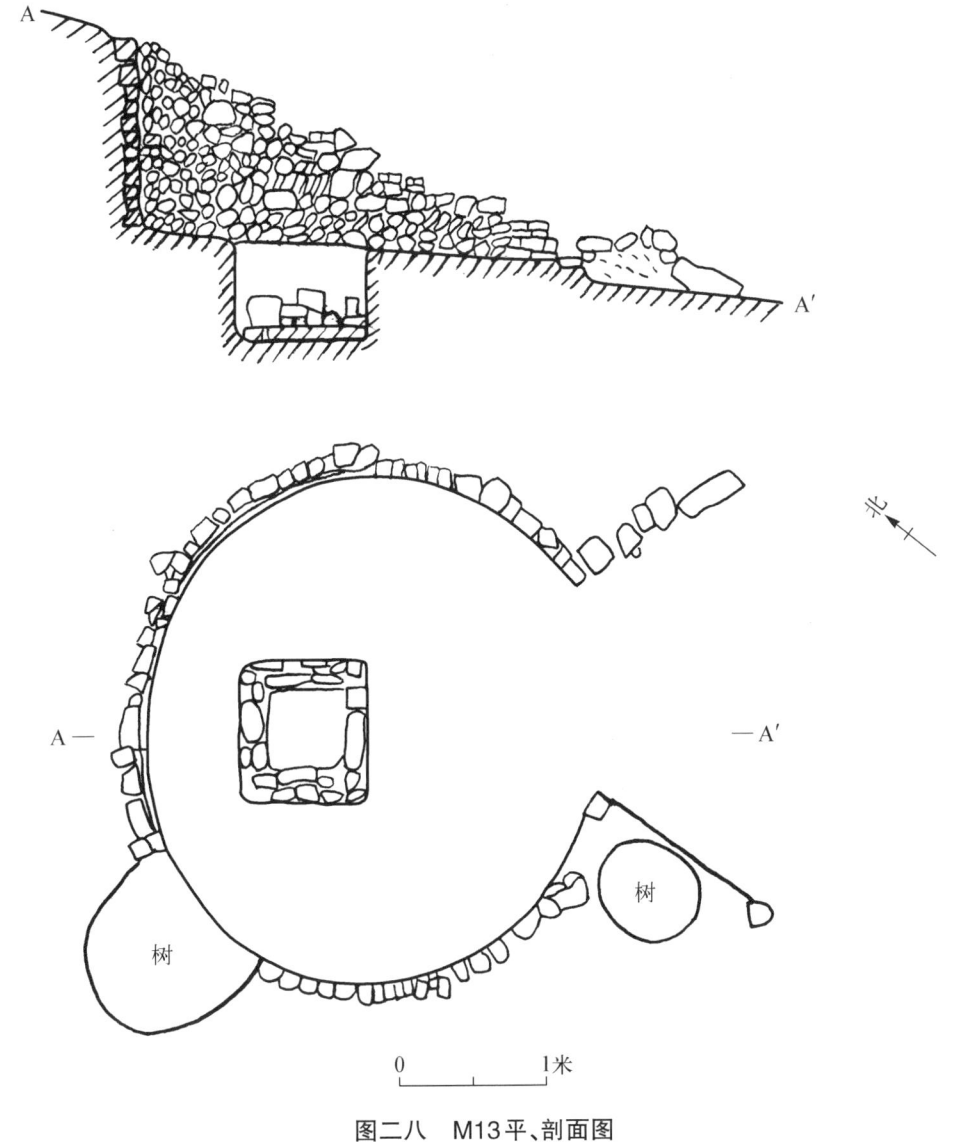

墓园平面近椭圆形，由园墙及地坪两部分组成，南北长3.8、东西宽3.3米，墓园前不设园墙。园墙用石块砌筑，保存较好，残高0.4～1.3米。墓园地坪为黄土地面。墓园前摆手呈"八"字形，石块砌筑，保存较差。墓园及摆手所用石块大小不一。另外在墓园内的堆积中出土了石望柱等石构件，仅一件较完整（M13∶1）（彩版五六，1），余者皆残。

墓室位于墓园的中间，平面呈长方形，长1、宽0.5米，墓底距墓园地坪深0.65米。墓坑壁为沙灰土，残存墓室四边用石块砌筑，墓底中间为一块长0.54、宽0.5、厚0.05米的石板平铺。墓室内清理出少量遗骨碎末（彩版五六，2）。

2. 出土遗物

M13∶1 石望柱 残。砂岩质，表面粗糙，呈青灰色。柱身平面为五边形，顶端为侧面鼓出

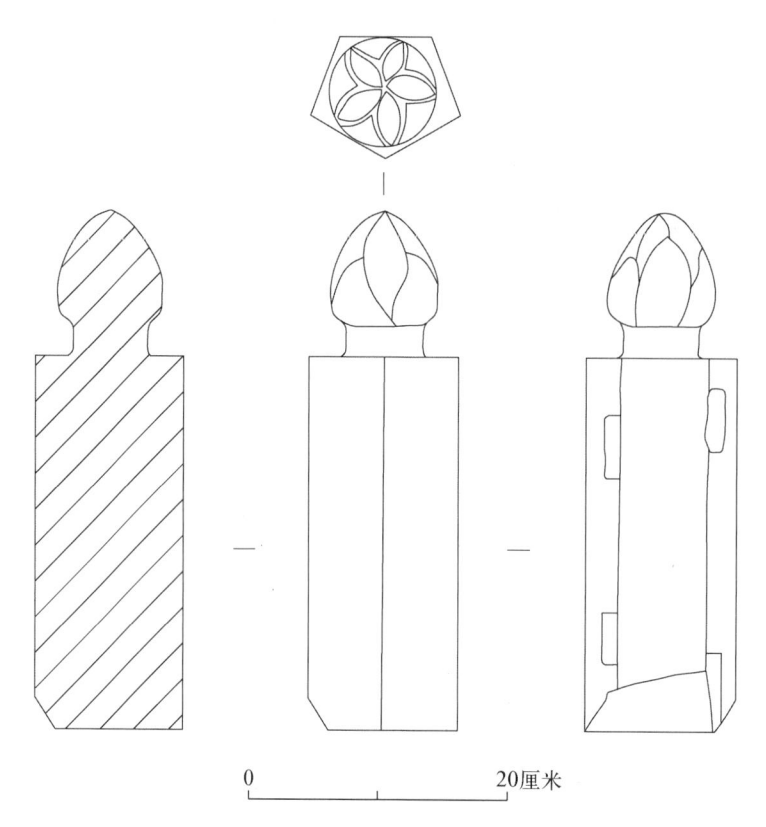

图二九　M13出土石望柱（M13∶1）

的圆锥形柱头，柱头刻出含苞莲花纹。柱身两侧边各凿有两个卯孔，孔呈长方形，间距11、孔长4、宽2.5、深1.5厘米。柱身长40、边宽7厘米。整件残高40厘米（图二九；彩版五七，1）。

（十）M14

1. 墓葬形制

M14位于M7的南面，方向140°，由墓园和墓室组成（图三〇；彩版五七，2）。

墓园平面近椭圆形，由园墙及地坪两部分组成，东西径4.95、南北径4.75米，墓园前未见摆手、台阶等。墓园墙体高0.3～1.3米，墓园前不设园墙。园墙由规格不一的石块砌筑，坍塌严重。墓园地坪为黄土。

墓坑平面为圆形，其内置一石臼（M14∶1）。石臼内为一储存遗骨的粗瓷缸，已破碎，口径38厘米（彩版五八，1）。缸内有骨头碎末。

2. 出土遗物

M14∶1　石臼　完整。宽平沿，敞口，斜腹，高圈足平底。青灰色细砂岩质，表面受山土侵染显灰黄色。口径85、底径64、高62厘米。臼底有一圆形穿孔，孔径7厘米。底部圈足高14厘米（图三一；彩版五八，2）。

第三章 塔院遗址

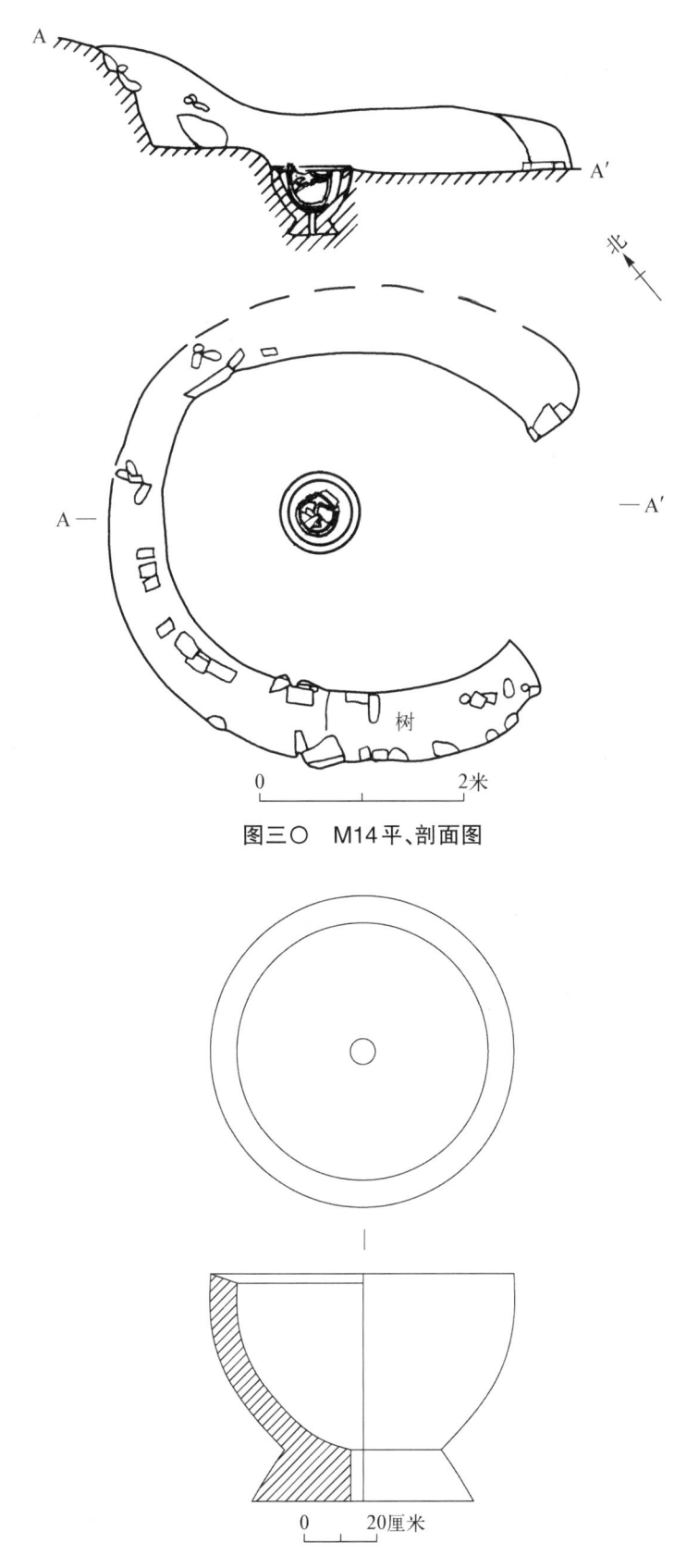

图三〇 M14平、剖面图

图三一 M14出土石臼（M14∶1）

（十一）M15

M15位于M16西侧、M8南侧，方向145°，由平台、墓园和墓室等组成（图三二；彩版五九，1、2）。

墓园平面呈圆形，墓园墙体用规格不一的石块砌筑，底部的一层石块保存比较完好，其上部石块坍塌严重。墓园内地面用石块铺设，东南角石块比较大。墓园南北长4、东西宽3米。墓园墙体高0~1.2米。墓园南侧不设园墙（彩版六〇，1）。墓园中间的塔已无，只存塔基下南北长1.15、东西宽1.25米的沙灰夯筑的硬面，推测该硬面为塔基下与墓坑之间的硬面基础。为保存完整，该硬面没有揭开。

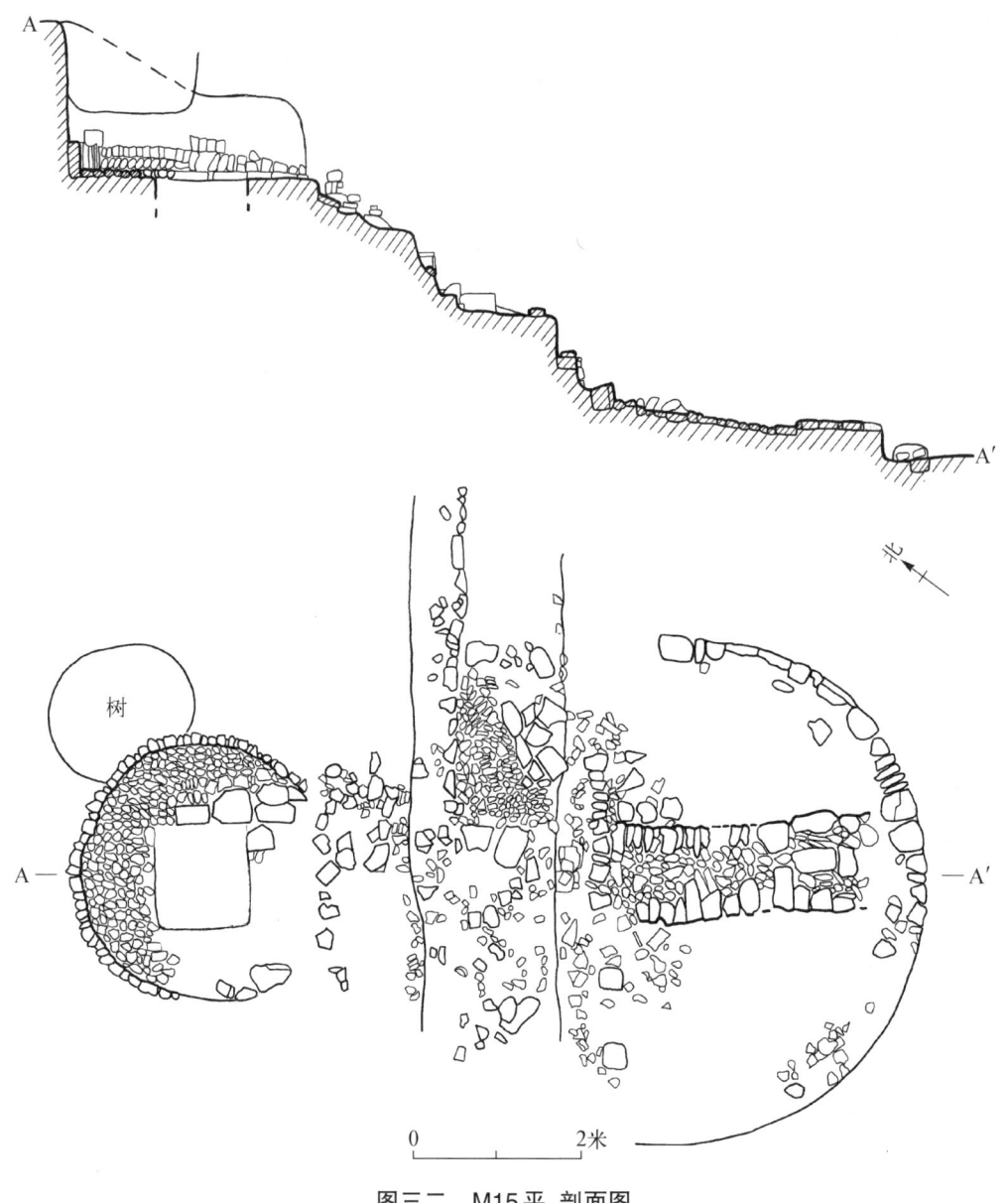

图三二 M15平、剖面图

墓园南部用石块砌筑一长方形平台，东西长4.9、南北宽1.9米。地面石块东侧保存略好，西侧扰乱严重（彩版六〇，2）。平台南侧残存二级用石块砌筑的台阶，上面一级残长1、宽0.35、高0.42米，下面一级残长1.85、宽0.35、高0.2米。台阶南侧有一呈南北向的残存石块铺设路面和一呈圆形的平台，路面在平台中间，南北残长3.35、宽1.2米。平台呈圆形，外侧用石块砌筑包边，东侧保存较好，西侧被破坏。平台南北长3.8、东西宽5.2、高0.35米（彩版六一，1、2；彩版六二，1）。

（十二）M16

M16位于M15的东侧，L2东西向段的北侧，方向143°（图三三；彩版六二，2）。该墓仅残存一墓室，未见墓园及墓园前设施，应已破坏。墓室平面呈正方形，长0.65、残深0.5米。墓壁用石块砌筑，东壁和南壁破坏严重，墓底残存一块石板。墓室内没有发现遗骨。

（十三）M17

M17位于L2南北向段南端的西侧，方向190°（图三四；彩版六三，1）。残存一个墓园土圹，其余如塔、地坪及墓室等均已破坏无存。土圹近椭圆形，南北径约3、东西径2.75、深约0.15～0.4米。

（十四）M18

M18位于L2南部，南侧挨着白庐艺术馆后围墙，方向143°（图三五；彩版六三，2）。该墓包括一圆形墓园和用土堆筑成馒头状的封土。墓园直径3.6米。园墙用石块砌筑，破坏较严重，后部园墙残高约0.4米。封土直径2.1米，高0.4米（彩版六四，1）。因封土未遭破坏及盗扰，未作发掘。

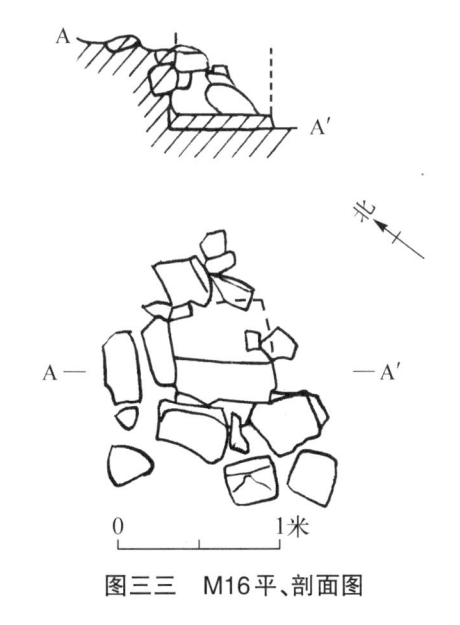

图三三　M16平、剖面图

图三四　M17平、剖面图

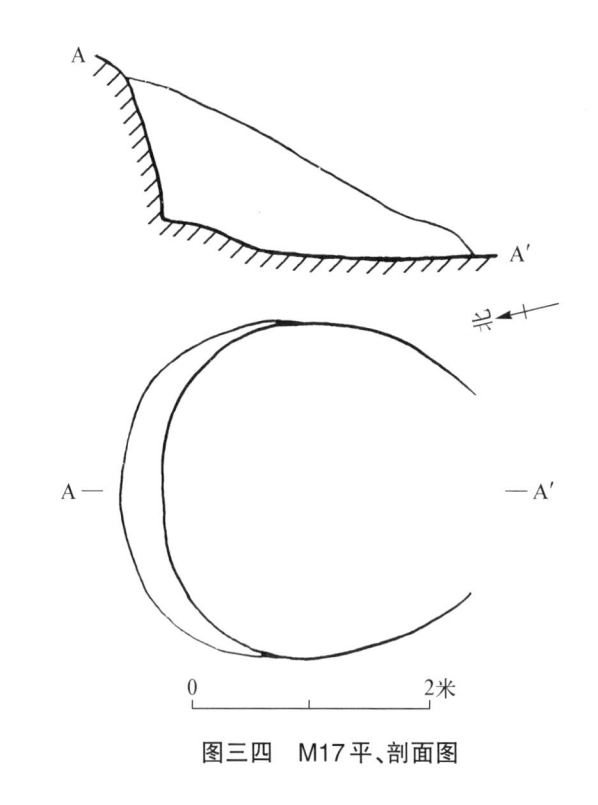

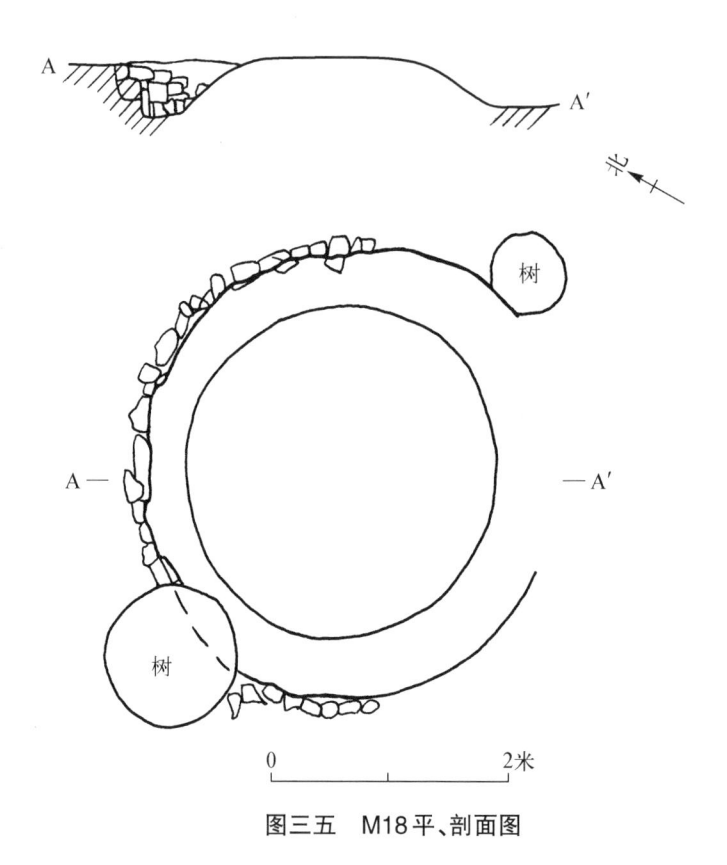

图三五　M18平、剖面图

（十五）M19

M19位于南部东西向段L2的南面，白庐艺术馆后围墙北侧，方向136°（图三六；彩版六四，2）。该墓仅残存墓室底部。墓室呈正方形，长0.65米。底部四周用较大的石块砌筑。墓室内清理至深20厘米处时，发现有一方形石板盖于底部的骨缸上。揭去石板后露出骨缸，已破碎。为保护起见，予以原状封盖，未作清理。覆盖的石板长30、厚7厘米（彩版六五，1）。

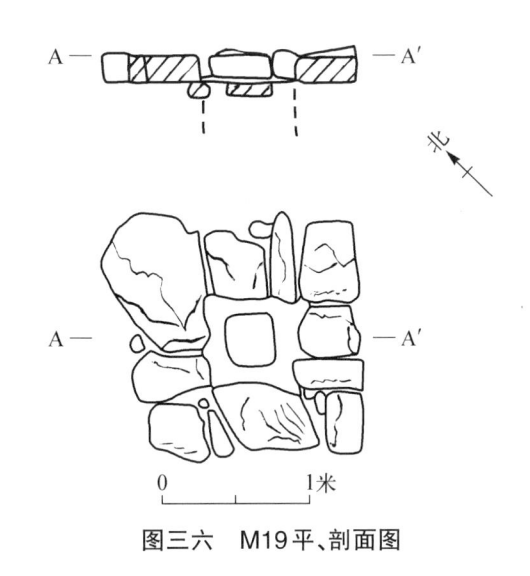

图三六 M19平、剖面图

（十六）M20

1. 墓葬形制

M20位于M19东侧，白庐艺术馆后围墙北侧，方向112°。该墓由墓园和封土组成（图三七；彩版六五，2；彩版六六，1）。墓园呈圆形，南北残长4.85、东西残宽4.7米。墓园内为黄土地面。园墙用石块砌筑，破坏严重，除北侧墙体部分石块尚存外，其余破坏无存，墙体残高0.43米。封土呈馒头状，直径2.1、高0.4米。为保护起见，未予发掘。另外在清理墓园时，出土砖雕残块7块、板瓦1片、瓦当残块1片（彩版六六，2）。

2. 出土遗物

（1）砖雕

M20:1 残。青灰色。残长18、宽9.5、厚3.5厘米。正面雕刻缠枝花纹（图三八，1；彩版六七，1）。

M20:2 残。青灰色。残长14、宽9.6、厚3.5厘米。正面雕刻缠枝花纹（图三八，2；彩版六七，2）。

M20:3 残。青灰色。残长13、宽9.7、厚3.5厘米。正面雕刻缠枝花纹（图三八，3；彩版六七，3）。

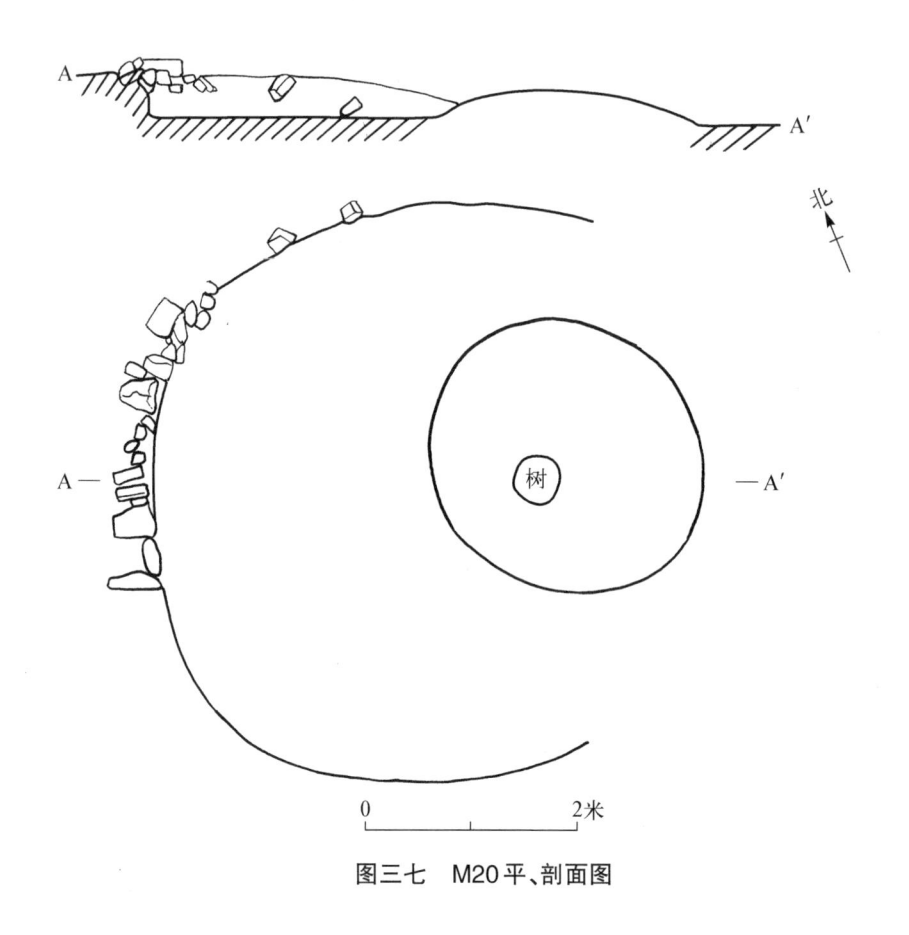

图三七　M20平、剖面图

M20：4　残。青灰色。残长11.5、宽8.8、厚3.5厘米。正面雕刻缠枝花纹（图三八，4；彩版六七，4）。

M20：5　稍残。青灰色。长19.8、宽7.1、厚3厘米。正面雕刻缠枝花纹，背面挖有3个凹坑（图三八，5；彩版六七，5、6）。

M20：6　残。青灰色。残长14.5、宽7.2、厚3厘米。正面雕刻缠枝花纹，背面挖有1个凹坑（图三八，6；彩版六八，1）。

M20：7　残。青灰色。残长12.5、残宽11.2、厚2厘米。正面底刻有阴线花纹，中部为一高浮雕残存动物纹。背面一侧为一凸出的凸棱，之间有一半圆形孔（图三八，7；彩版六八，2）。

（2）板瓦

M20：8　稍残。青灰色。长22.2、上端宽21、下端宽18、厚1厘米。外面素面，内有细麻布纹（图三八，8；彩版六八，3）。

（3）瓦当

M20：9　残，泥质灰陶。宽平缘，缘面近当心处饰一周弦纹，当心饰牡丹纹。后接残损筒瓦。残长9.4、厚1.4厘米（图三八，9；彩版六八，4）。

图三八　M20出土遗物

1~7.砖雕（M20：1、M20：2、M20：3、M20：4、M20：5、M20：6、M20：7）　8.板瓦（M20：8）　9.瓦当（M20：9）

二、道路遗迹

共发现2处,编号为L1和L2。

(一) L1

L1位于M13南侧,近东西向(图三九;彩版六九,1)。长5、宽0.8米。路面用石块砌筑,两端有踏道。东端往北折弯后为踏道,石块砌筑,其中三级保存完好,东西长65、宽28、高15厘米。西端踏道长65、宽30、高20厘米。其下叠压L2遗迹(彩版六九,2)。

(二) L2

L2可分为两部分,分别编号为L2-甲和L2-乙(图四〇)。

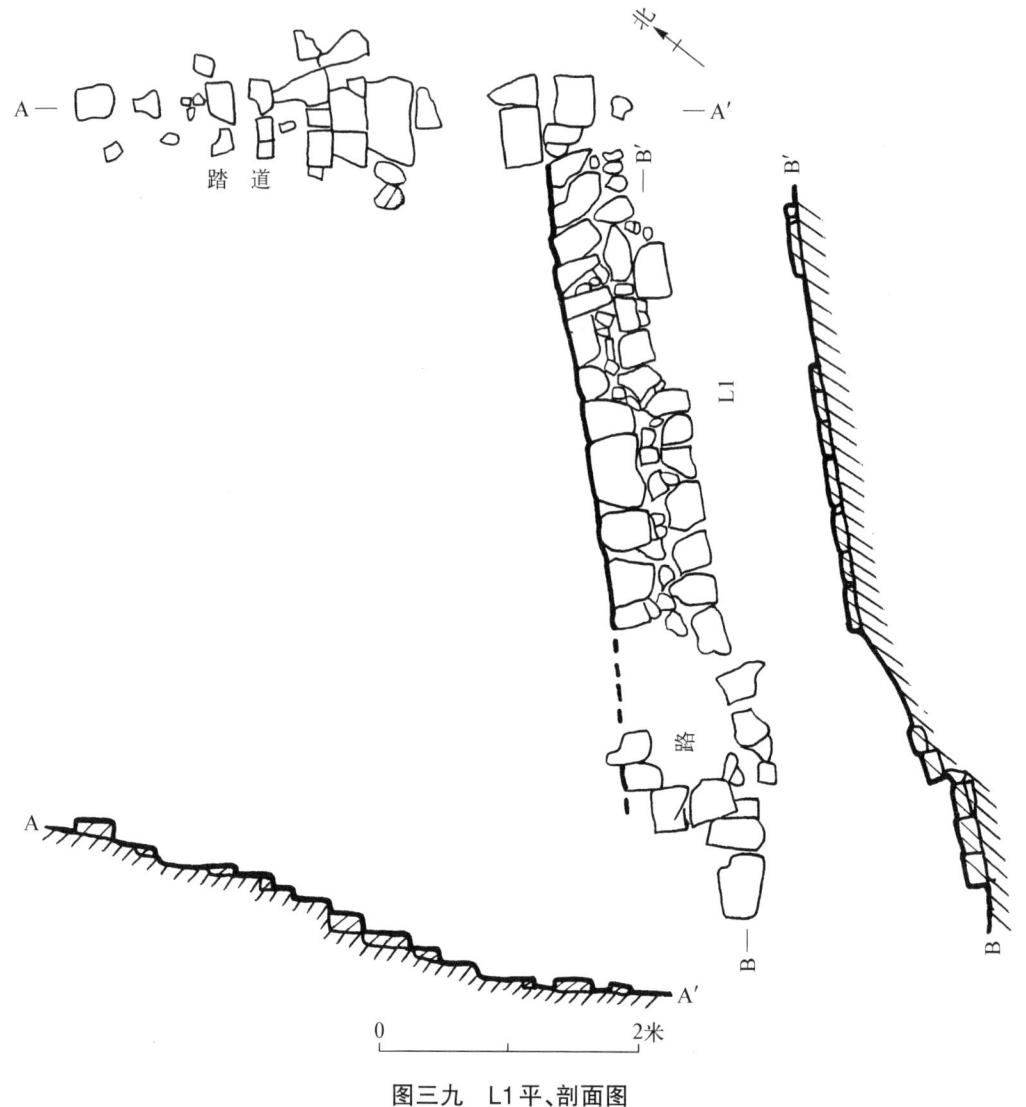

图三九 L1平、剖面图

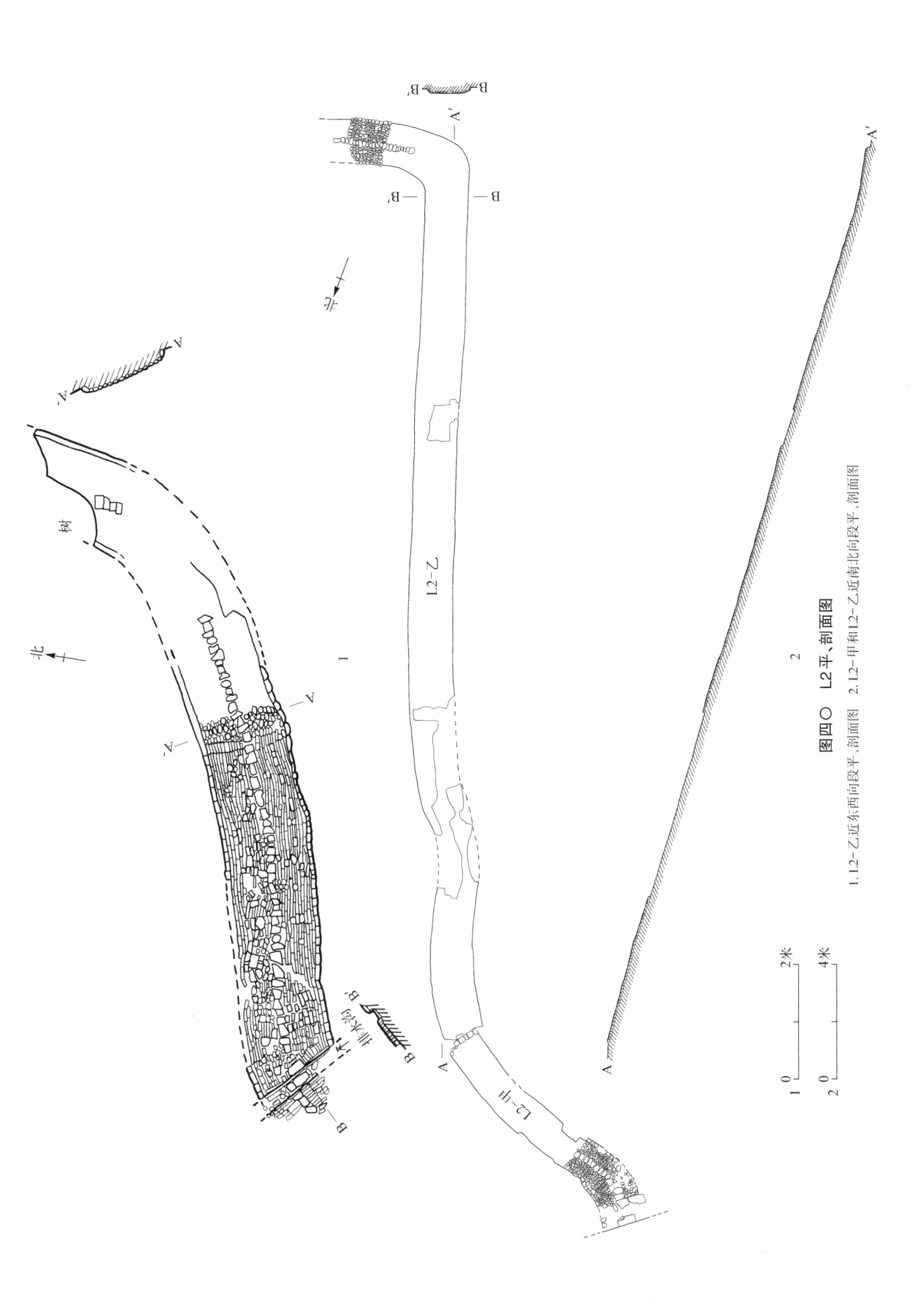

图四〇 L2平、剖面图
1. L2-乙近东西向段平、剖面图   2. L2-甲和L2-乙近南北向段平、剖面图

L2-甲平面略呈"S"形，自M1前向东南延伸，并与L2-乙相接（彩版七〇，1～3）。两者连接处拼接迹象明显。该段依山而建，路宽1.5米，高出两侧地表约0.1米，路面略呈弧形，中间一排石块略大一些，两侧石块较小，路两侧边上用石块侧砌包边，便于散水。

L2-乙近南北向段，自L2-甲向南延伸，至南端向东转折，与东西向段相连（彩版七一，1、2；彩版七二，1、2）。该段依山体斜坡倾斜而下，坡度约18度，路宽1.5米，高出两侧地表约0.1米，路面略呈弧形，中间一排石块略大一些，两侧石块较小，路两侧边上用石块侧砌包边。近东西向段，自M15西侧开始，由L2-乙近南北向段转折而来，并向东继续延伸，至M13墓园前。路面略呈弧形，用石块和砖块混砌，路中间用略大的石块呈一排砌筑，两侧用较小的石块和残砖块侧砌，路两侧边上用石块和残砖块侧砌包边，为便于散水。东端被L1叠压，西端被M15的墓园叠压。揭露段南北长19.2、东西宽1.5、高于地表约0.12米。位于L2-乙近东西向段西端、M15东侧残存一段顺着L2-乙向东北延伸的排水沟，长1.5、宽0.26、深0.1米。沟底和沟壁为石块砌筑。L2-乙东端被M13叠压。在L1北侧、M13墓园前向下进行解剖，发现L2-乙至M13墓园前已断。由此推测，L2-乙自M13地坪处开始往北段可能已被M13、M10及M11破坏。

第三节　塔院周边采集石构件

塔院遗址周边采集的石构件主要分为石基座、塔身石柱、石供桌、石塔檐、石塔刹、石莲座、石蕉叶、石望柱、石束腰、宝顶和石碑十一类，共45件。

一、墓塔构件

（一）石基座

采集：1　稍残。细砂岩质，青色。平面呈六边形，顶面边缘的内侧内凹，中间有一个圆形凸起，边缘的外侧浅浮雕如意云纹，底部平整。顶面边长34～35、对角直径69厘米，底部边长41、对角直径83、通高12厘米（图四一，1；彩版七三，1、2）。

采集：4　稍残。砂岩质，表面粗糙，呈青灰色。平面呈方形。分上、下两部分，两者连为一体，整体类似于须弥座的下枭、下枋部分，其中上部较之下部内收，下部侧面浅浮雕三重莲瓣纹。顶面边长52、底部边长82～84、通高32厘米（图四一，2；彩版七四，1）。

采集：5　稍残。细砂岩质，青色。平面呈方形。分上、下两部分，两者连为一体，整体类似于须弥座的下枭、下枋部分，其中上部较之下部内收，下部侧面浅浮雕三重莲瓣纹。顶面边长52、底部边长78～80、通高32厘米（图四一，3；彩版七四，2）。

采集：6　残。水成岩，灰白色。六边形。基座共分四级，底部一层为底座，上面三层为台基，其中台基部分从下往上逐层内收。顶层台基边长28～30、对角直径57、高5厘米；第二级边长31～34、对角直径66、高5.5厘米；第三级边长35～37、对角直径72、高6.5厘米；底座部分边长40～42、对角直径82、高16厘米，其足部上方雕卷云纹。通高33厘米（图四一，4；彩版七五，1）。

采集：7　残存半块。水成岩质，灰白色。平面呈长方形，跟须弥座的下枭部分类似。基座

图四一 采集石基座(一)

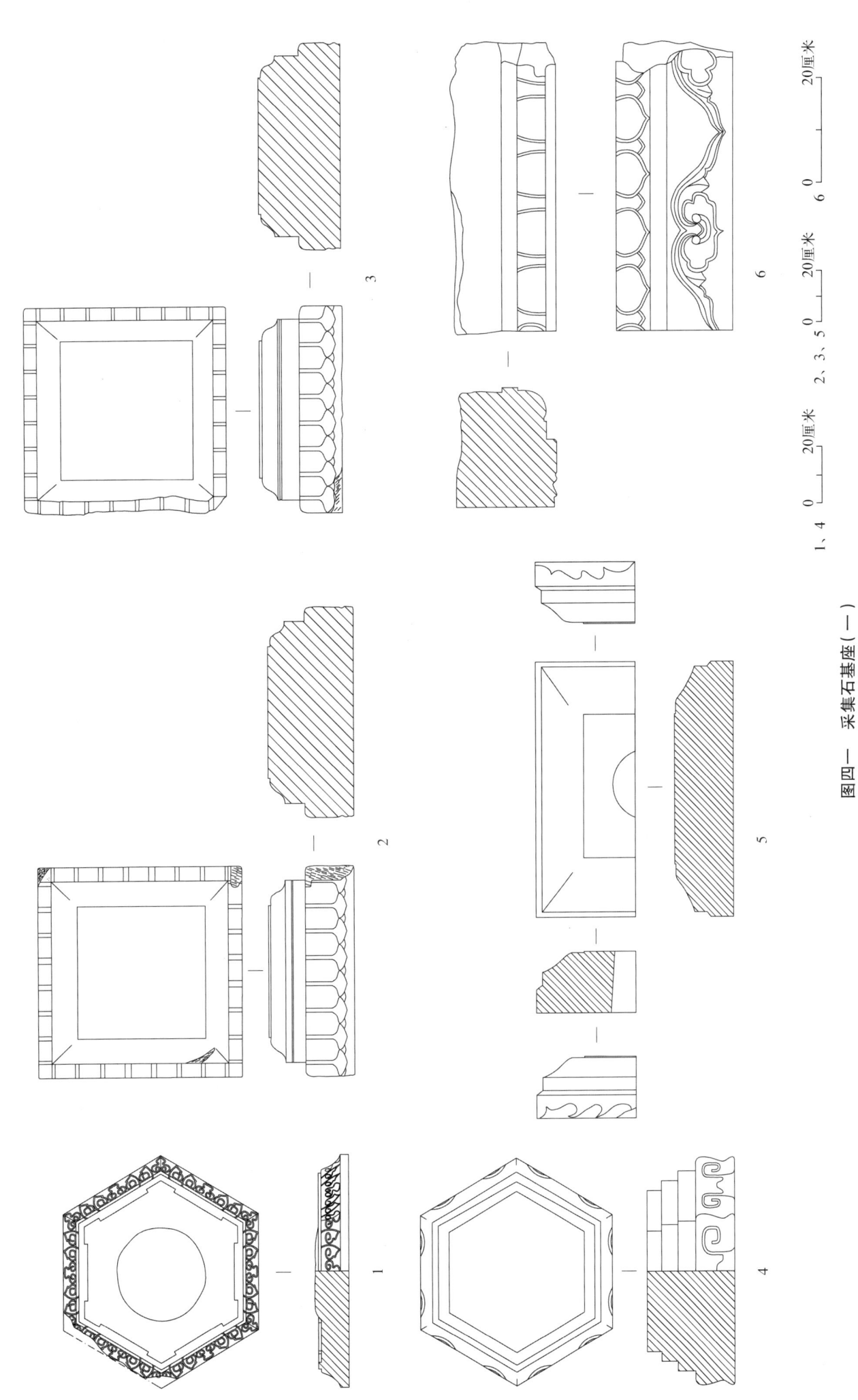

1~6.石基座(采集:1,采集:4,采集:5,采集:6,采集:7,采集:18)

中间有个半圆形穿孔，上口小，下口大，其左右两侧浅刻纹饰。顶面边长56、宽21、底部边长100、宽40、通高24厘米（图四一,5；彩版七五,2）。

采集：18　残断。砂岩质，青色。残存部分平面近长方形。顶面边缘内侧浅内凹，边缘外侧上部雕刻重瓣覆莲纹，下部雕刻如意云纹。残长55、残宽20.5、高23厘米（图四一,6；彩版七六,1、2）。

采集：20　残。细砂岩质，青色。整器平面应为六边形。顶面边缘内侧浅内凹。边缘外侧上部雕刻重瓣覆莲纹，下部雕刻如意云纹。残长59、残宽18、高23厘米（图四二,1；彩版七七,1、2）。

采集：21　残。紫砂岩质，表面呈青灰色。顶面边缘内侧浅内凹，边缘外侧上部雕有重瓣覆莲纹，下部雕有如意云纹。残长51、残宽20、高24厘米（图四二,2；彩版七八,1、2）。

采集：27　稍残。水成岩质，灰白色。平面呈方形。石基座分上、下两部分，类似于须弥座的上枋、上枭部分。顶部中间是一个覆盆状顶座，顶座正中间有一个圆形凹洞，直径10、深5厘米，其四角处还分别雕凿出三大一小四个方形凹洞。顶座下第一层四边凿出浅凹的横长条形盘子，往下第二层较之第一层内收，四边雕刻一圈连珠纹和三重仰莲瓣纹。往下第三层较之第二层又内收，其上半部四边凿出浅凹的横长条形盘子。石基座第一层边长84厘米，第三层底面边长52厘米，通高53.5厘米（图四二,3；彩版七九,1、2）。

采集：33　稍残。细砂岩质，青色。平面呈六边形。顶部边缘内侧浅内凹，边缘外侧雕有双重莲瓣纹，底部线脚处亦雕刻有不同纹饰。顶部边长24.5、对角直径48、底部边长37、对角直径72.5、通高20.5厘米（图四二,4；彩版八〇,1）。

采集：41　一边残缺。细砂岩质，青色。平面呈六边形。顶部外缘雕刻缠枝花纹，边缘外侧雕有双重莲瓣纹，底部线脚处雕刻如意云纹。顶部边长32、对角直径64、底部边长41、对角直径82、高22厘米（图四二,5；彩版八〇,2）。

采集：43　稍残。水成岩质，灰白色。平面呈方形。石基座分上下两部分，两者连为一体，类似于须弥座的下枭、下枋部分。上部较之下部内收，上部四边凿出浅凹的横长条形盘子，下部四边雕刻莲瓣纹和一圈连珠纹。顶面边长51、底部边长84、通高31厘米（图四二,6；彩版八一,1）。

（二）石束腰

采集：36　稍残。细砂岩质，青色。平面呈六边形。侧面中部雕凿有一道横向凹槽。边宽51～53、对角直径104.5、高13.5厘米（图四三；彩版八一,2）。

（三）塔身石柱

采集：2　较完整。细砂岩质，青色。平面呈六边形。顶部和底部均内凹。石柱正面上端浮雕荷叶纹，下端浮雕莲花纹，中间阳刻"临济正宗圆寂上嵩下乐治觉灵之塔"。边长18.5～20、对角直径38、高91厘米（图四四,1；彩版八二,1、2）。

采集：10　较完整。紫砂岩质，表面呈灰褐及青灰色。六边形。顶部中间有一圆形榫头，直径10、高2.5厘米。正面阴刻"传临济正宗第三十四世念㤗果禅师塔"。边长17.5、对角直径33、高65.5厘米（图四四,2；图四五；彩版八三,1）。

第三章 塔院遗址

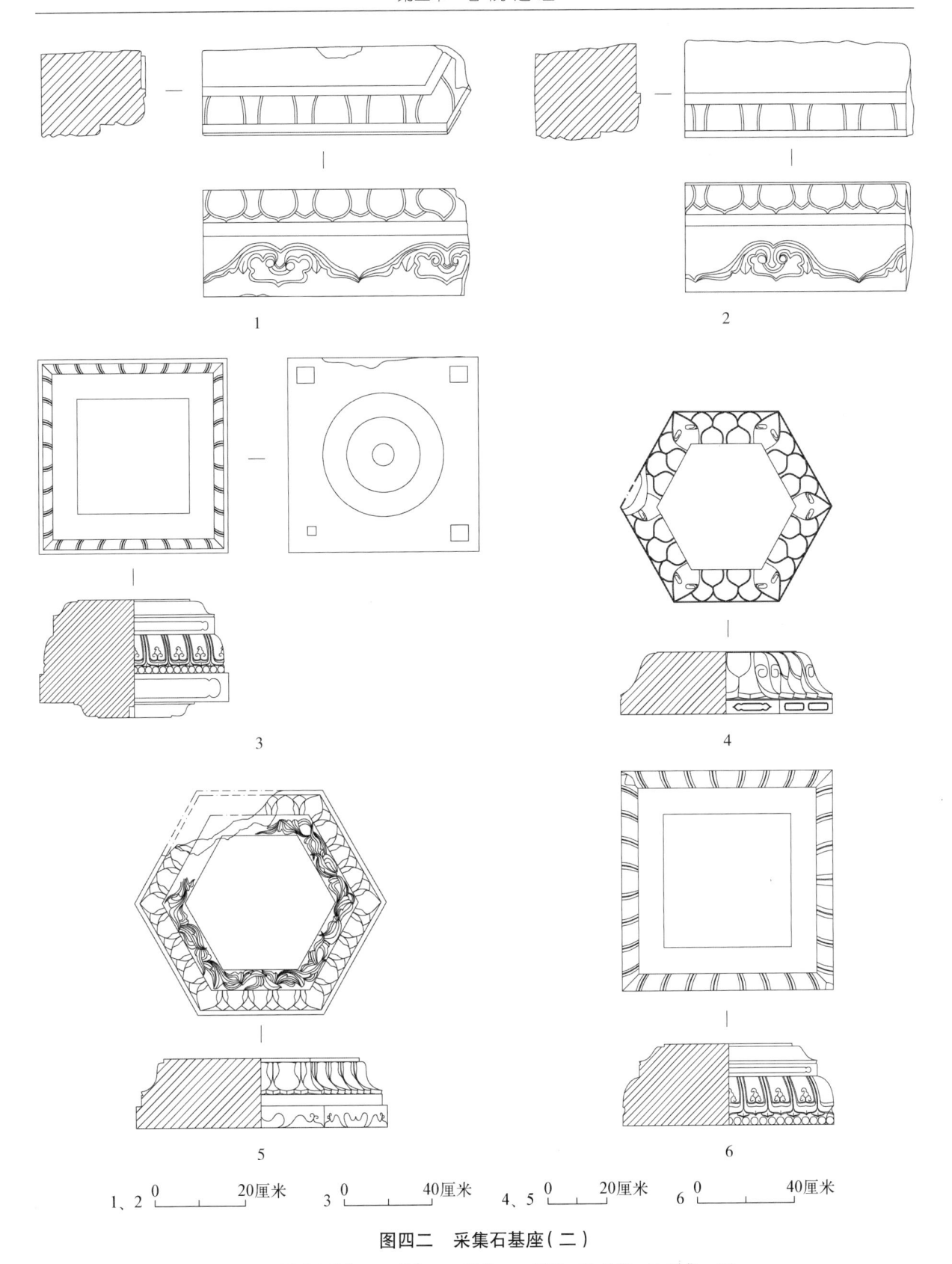

1、2 0　　　20厘米　　3 0　　　40厘米　　4、5 0　　　20厘米　　6 0　　　40厘米

图四二　采集石基座（二）

1~6. 石基座（采集：20、采集：21、采集：27、采集：33、采集：41、采集：43）

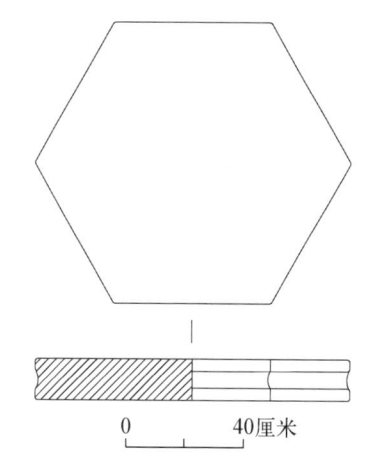

图四三 采集石束腰（采集：36）

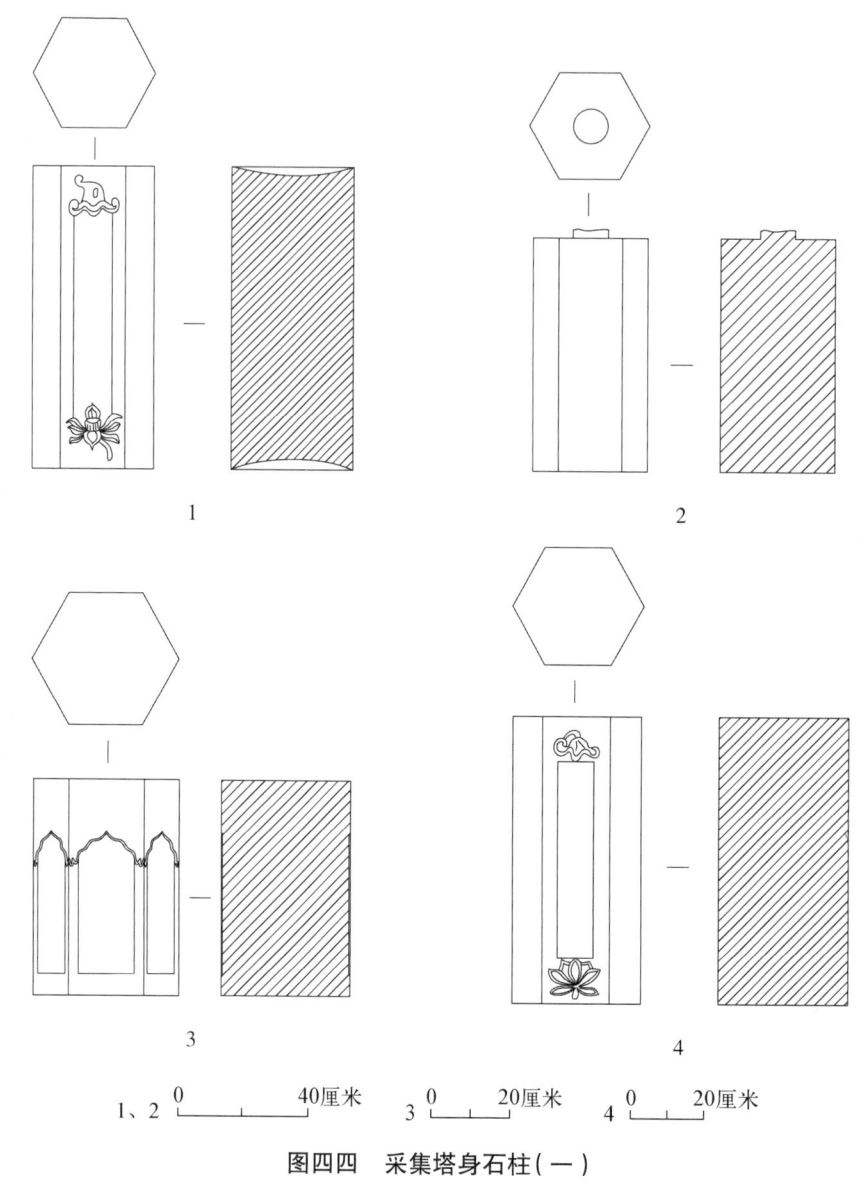

图四四 采集塔身石柱（一）

1~4.塔身石柱（采集：2、采集：10、采集：11、采集：12）

采集：11　稍残。细砂岩质，青色。六边形。每边阴刻壸门。正面阴刻"无尘顺禅师塔"，背面阴刻"临济正宗三十三世"。边长19、对角直径37.5、高53.5厘米（图四四，3；图四六；彩版八三，2）。

采集：12　稍残。细砂岩质，青色。六边形。正面上端浮雕荷叶，下端浮雕荷花，中间阴刻"东明堂上传临济正宗第三十七世广昊湛禅师之塔"。背面阴刻"乾隆己丑嘉平季冬　穀旦"。边长18、对角直径35、高76厘米（图四四，4；图四七；彩版八四，1）。

采集：13　稍残。水成岩质，灰白色。六边形。正面上端浮雕荷叶纹，下端浮雕莲蓬纹，中间未见文字。边长20、对角直径39、高41.5厘米（图四八，1；彩版八四，2）。

采集：34　较完整。细砂岩质，青色。六边形。正面阴刻"传临济正宗第三十三世示方觉和尚之塔"，其余五边分别浅浮雕缠枝、梅花等不同纹饰。边长23、对角直径46、高101厘米（图四八，2；图四九；彩版八五，1、2）。

采集：37　较完整。紫砂岩质，表面呈灰褐色。六边形。正面上端浅浮雕荷叶，下端浅浮雕荷花，中间阴刻"重整东明堂上第三十五世十座道场丽雅浩禅师之塔"。边长33、对角直径64、高98厘米（图四八，3；图五〇；彩版八六，1）。

采集：40　一边有残缺。水成岩质，灰白色。横截面呈正方形。四边刻方形盘子，正面中间阴刻"明开山东明昰祖师塔"。边长50、高53厘米（图四八，4；图五一；彩版八六，2；彩版八七，1）。

图四五　塔身石柱拓片
（采集：10）

图四六　塔身石柱拓片
（采集：11）

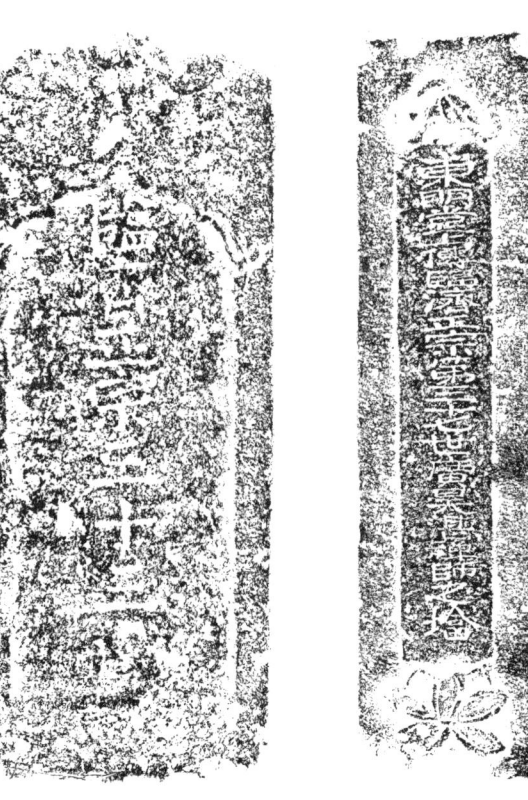

图四七　塔身石柱拓片
（采集：12）

图四八 采集塔身石柱（二）

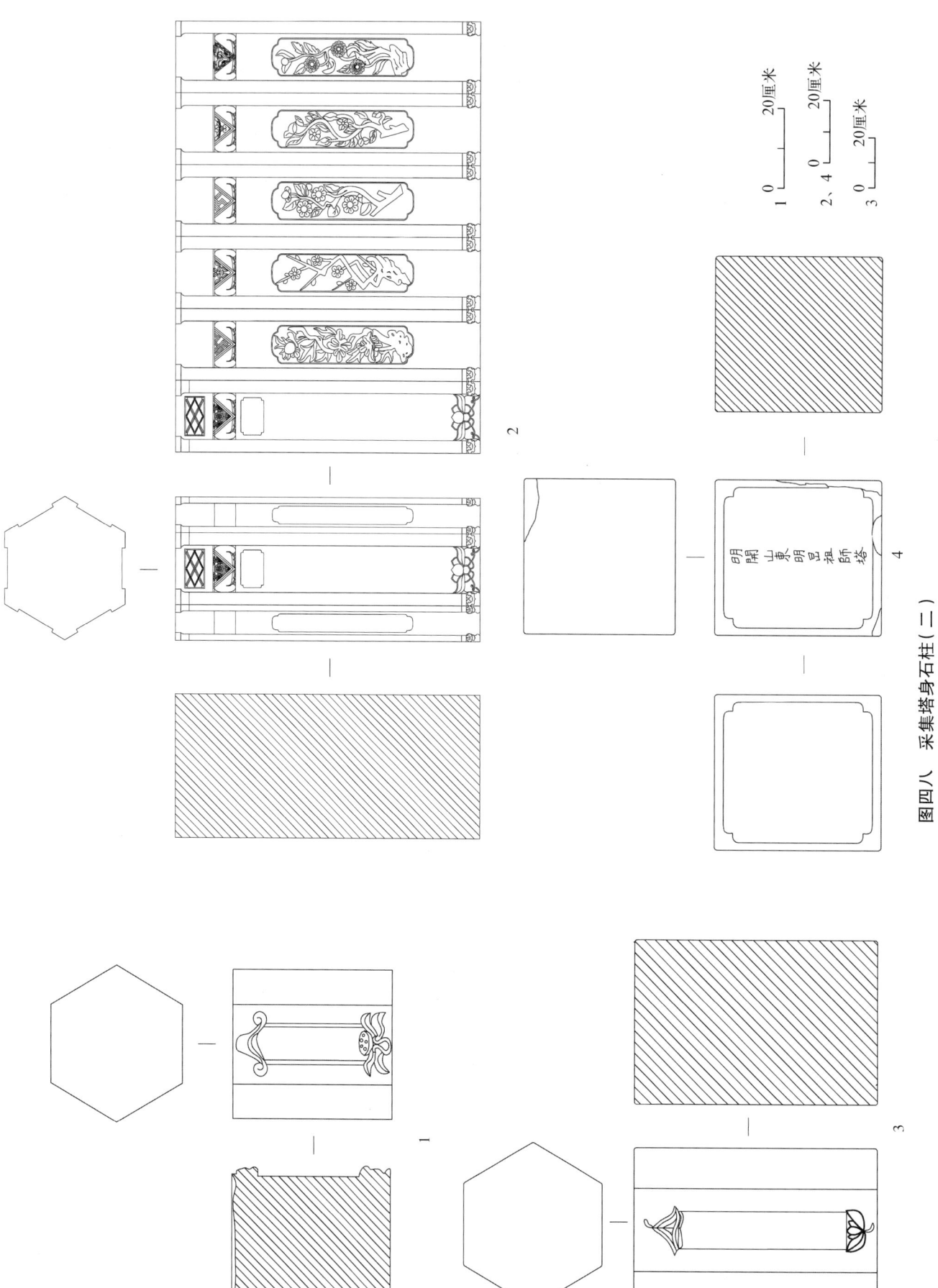

1~4.塔身石柱（采集：13，采集：34，采集：37，采集：40）

图四九 塔身石柱拓片（采集：34）　　图五〇 塔身石柱拓片（采集：37）

图五一 塔身石柱拓片（采集：40）

（四）石莲座

采集：14　残。水成岩质。灰白色。六边形。顶部为圆形，中部雕凿一层六边形，其上方高浮雕重瓣覆莲纹。底部为六边形。顶部直径28.5、底部边长25、对角直径47、通高19厘米（图五二，1；彩版八七，2）。

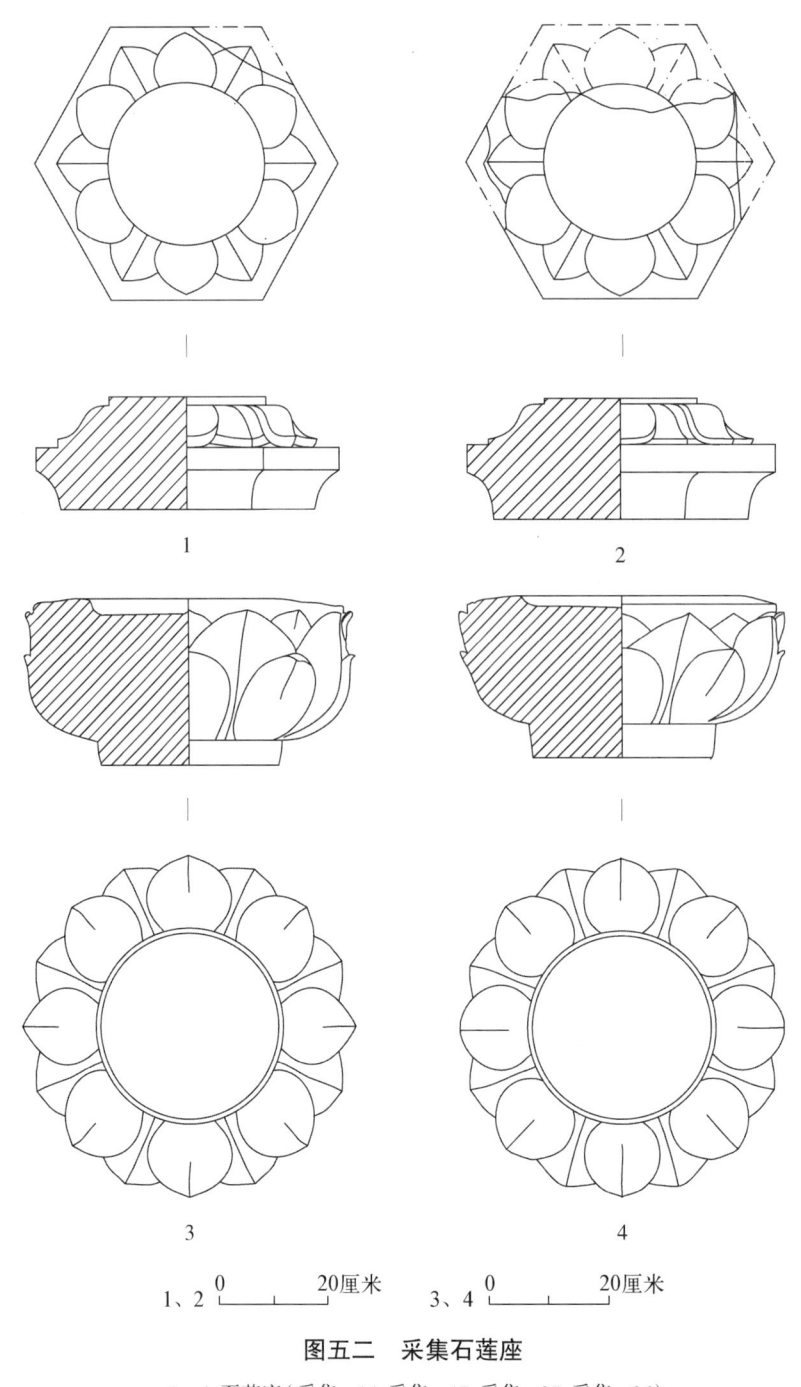

图五二　采集石莲座

1～4. 石莲座（采集：14、采集：17、采集：25、采集：26）

采集：17　残。水成岩质，灰白色。六边形，一边有残缺。顶部为圆形，中部雕凿一层六边形，其上方高浮雕重瓣覆莲纹。底部为六边形。顶部直径29、底部边长24、对角直径47、通高21.5厘米（图五二，2；彩版八八，1）。

采集：25　稍残。水成岩质，灰白色。平面为圆形。顶部中心圆形下凹。下凹处直径34、深2.5厘米。腹部雕刻三重仰莲瓣纹。底部为圆形平底。顶部直径52、底部直径30、通高27厘米（图五二，3；彩版八八，2）。

采集：26　稍残。水成岩质，灰白色。平面为圆形。顶部中心圆形下凹。下凹处直径34、深1.5厘米。腹部雕刻三重仰莲瓣纹。圆形平底。顶部直径52、底部直径30、通高26.5厘米（图五二，4；彩版八九，1）。

（五）石塔檐

采集：3　稍残。紫砂岩质，表面显灰色，为六角攒尖塔檐。顶部为圆形顶座，顶座下为檐面，檐面雕饰筒瓦垅，塔顶底部平整。顶部直径28、攒尖对角直径75、通高27.5厘米（图五三，1；彩版八九，2）。

采集：28　残。细砂岩质，青色，为六角攒尖顶。上部为圆形顶座，下部为塔顶檐面，檐面刻饰筒瓦垅。塔顶底部内凹。顶部直径26、攒尖对角直径71、通高40厘米（图五三，2；彩版九〇，1）。

采集：35　较完整。细砂岩质，青色，为六角攒尖顶。顶部为圆形顶座，下部为塔顶檐面，檐面刻饰筒瓦垅。檐面下雕刻出椽子。塔顶底部为六边形，底部边缘的内侧浅内凹。顶部直径40、攒尖对角直径77、通高28厘米（图五三，3；彩版九〇，2）。

采集：39　稍残。细砂岩质，青色，为六角攒尖顶。顶部为六边形顶座，下部为塔顶檐面，檐面刻饰筒瓦垅。底部平整。攒尖对角直径107、通高22厘米（图五四，1；彩版九一，1）。

采集：42　残。细砂岩质，青色，为六角攒尖顶。顶部为圆形顶座，周缘一圈雕刻花纹。下面为塔顶檐面，檐面刻饰筒瓦垅。檐面下雕刻出椽子。塔顶底部为六边形平底。顶部直径28、底部对角直径69、通高41厘米（图五四，2；彩版九一，2；彩版九二，1）。

（六）石塔刹

采集：15　较完整。水成岩质，灰白色。圆柱形。顶端为宝珠，其表面饰浅浮雕火焰纹，宝珠下雕凿五圈相轮。塔刹顶部直径6、底部直径36、高93厘米（图五五，1；彩版九二，2）。

采集：16　残。紫砂岩质，表面呈青灰色。圆柱形。顶端为宝珠，其表面雕饰火焰纹，宝珠下残存相轮两圈。相轮直径23～24、残高48厘米（图五五，2；彩版九三，1）。

（七）石蕉叶

采集：30　残。水成岩质，灰白色。近似三棱锥体。上端尖角，底部残缺。残高19.8、下部直边残宽17.3厘米（图五六，1；彩版九三，2）。

图五三 采集石塔檐（一）

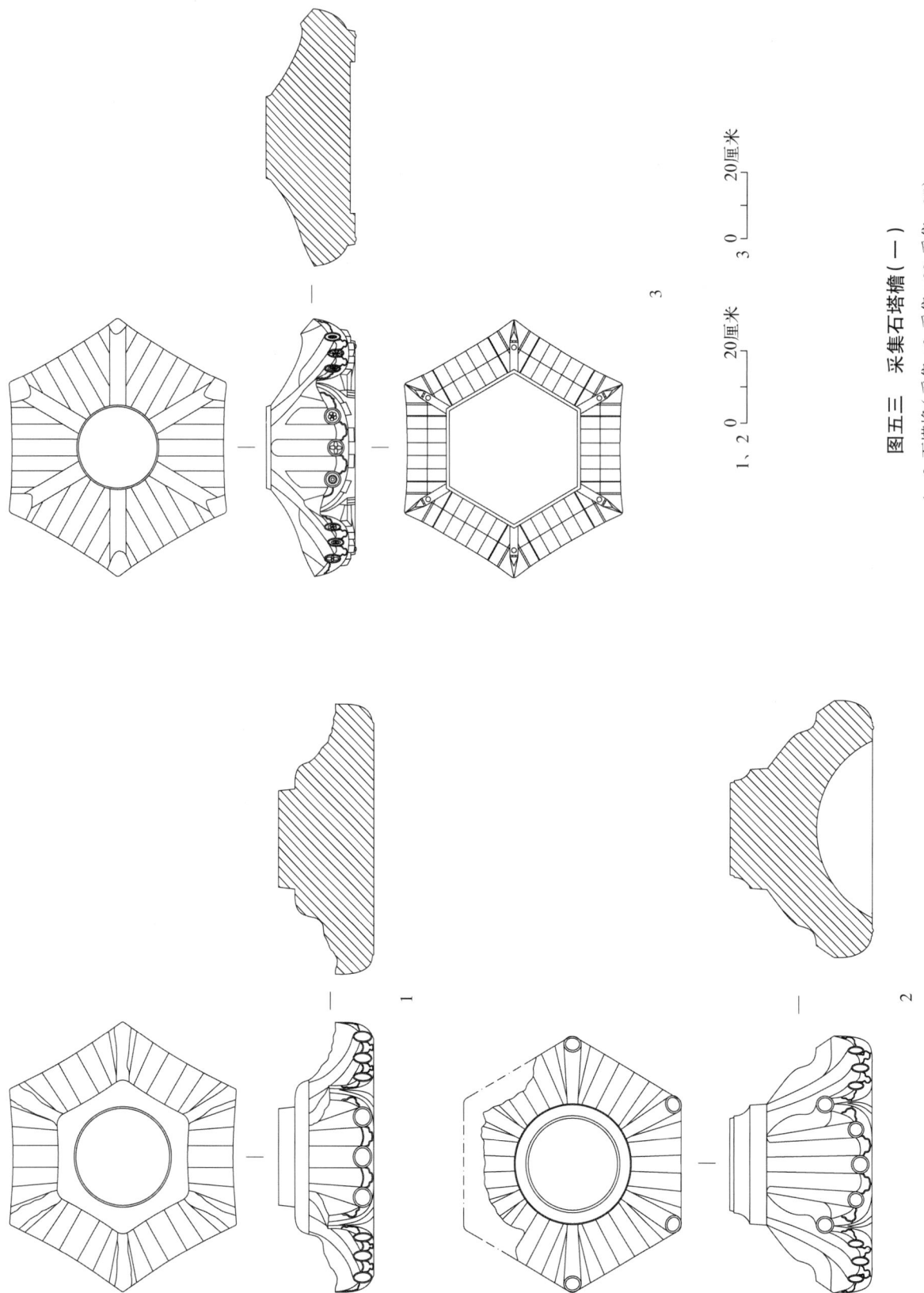

1～3.石塔檐（采集：3、采集：28、采集：35）

第三章 塔院遗址

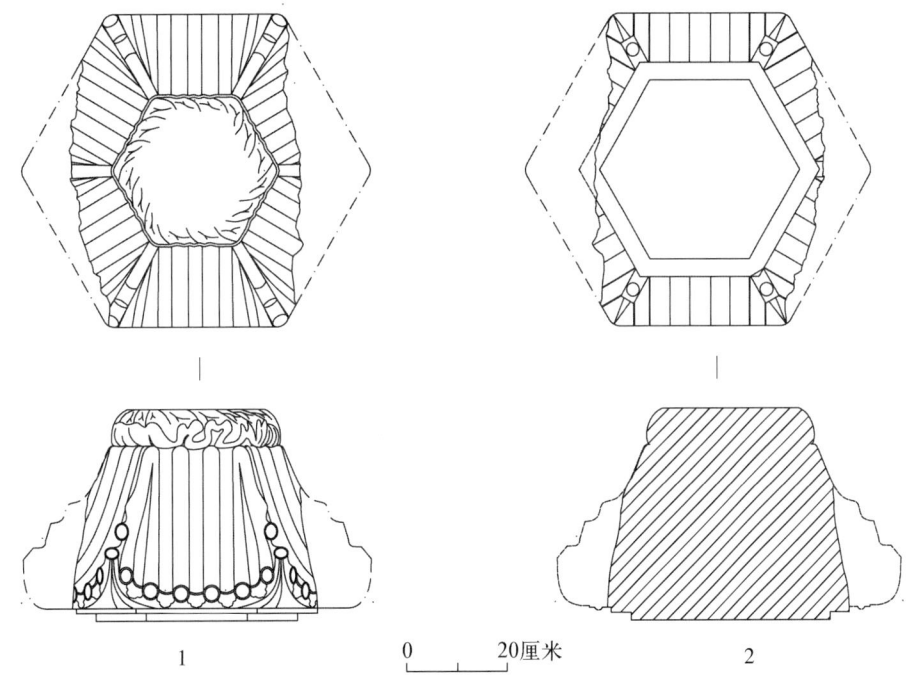

图五四 采集石塔檐（二）

1、2. 石塔檐（采集：39、采集：42）

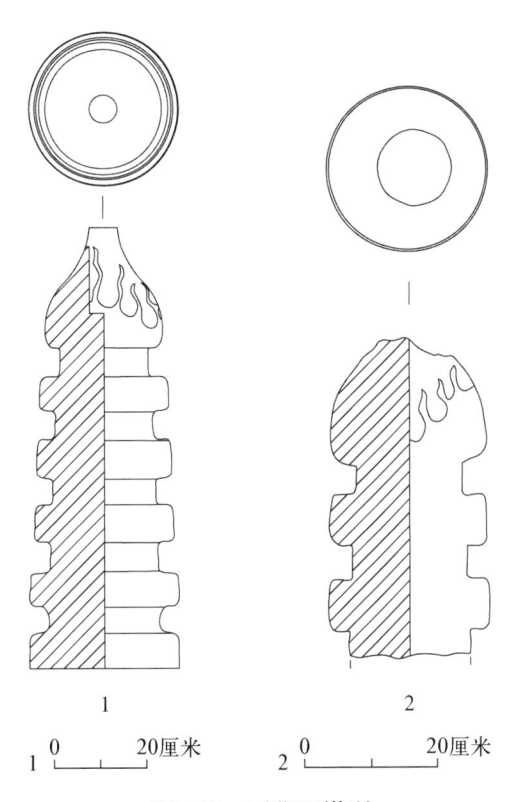

图五五 采集石塔刹

1、2. 石塔刹（采集：15、采集：16）

56　东明寺遗址考古发掘报告

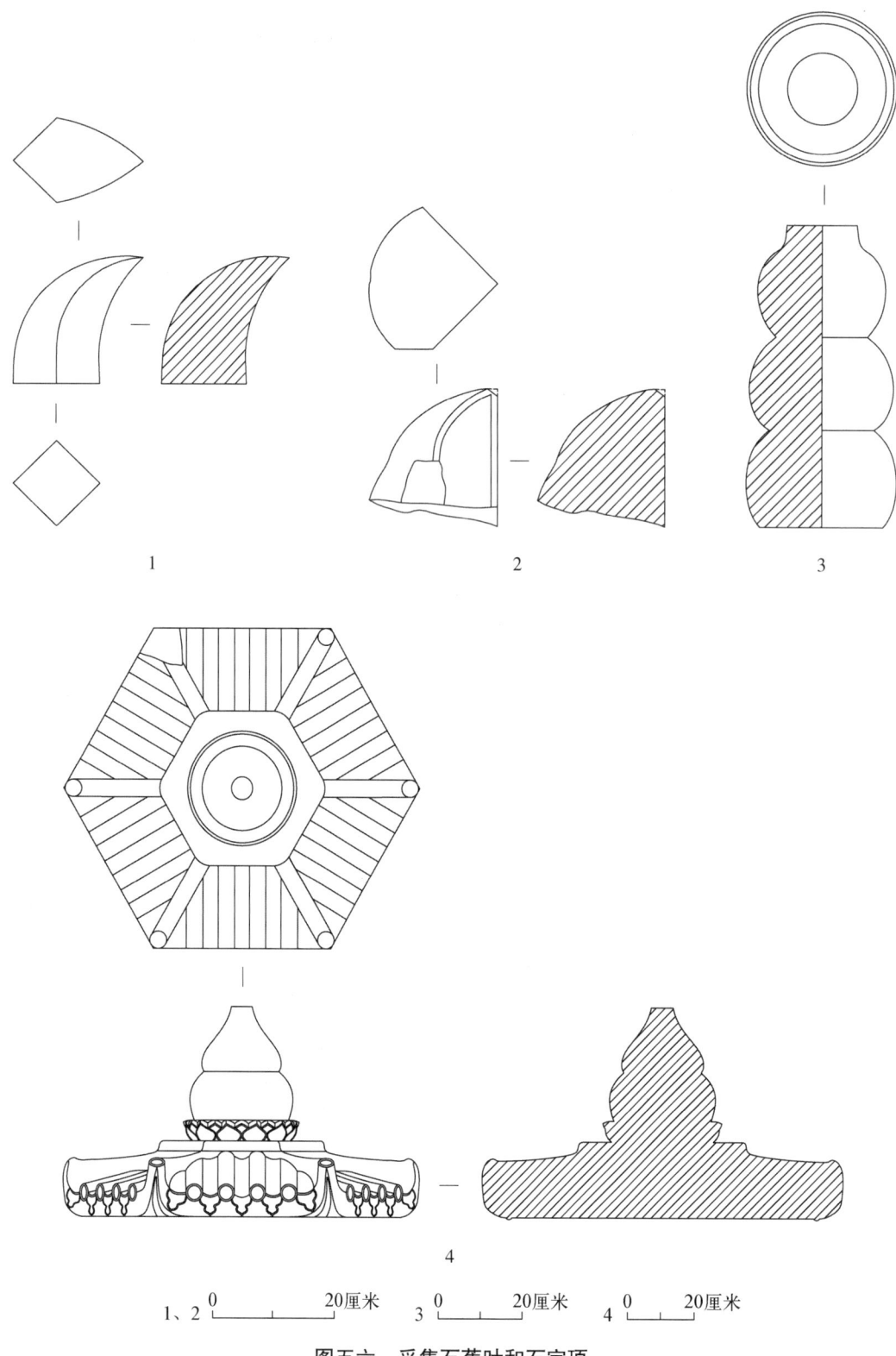

图五六　采集石蕉叶和石宝顶
1、2. 石蕉叶（采集：30、采集：31）　3、4. 石宝顶（采集：45、采集：38）

采集：31 残。水成岩质，灰白色。近似三棱锥体。上端尖角，底部残缺。残高21、下部直边残宽16.5厘米（图五六，2；彩版九四，1）。

（八）宝顶

采集：38 较完整。细砂岩质，青色。上部雕刻葫芦状，下部雕刻仰莲底座。宝顶顶部直径6.5、通高39厘米（图五六，4；彩版九四，2）。

采集：45 完整。细砂岩质，青色。似葫芦瓶状，宝顶顶部直径17、通高71.5厘米（图五六，3；彩版九五，1）。

二、其他

（一）石供桌

采集：8 稍残。水成岩质，灰白色。平面呈长方形。分上、下两部分，上部为桌面，下部为底座，两者连为一体。桌面的正面和左右侧面较之于下部底座内收，并雕凿出浅凹的横长条形盘子，而背部则上下齐平。底座的足部上方雕卷云纹，桌面长92.5、宽46、底座长102、宽52、通高31厘米（图五七，1；彩版九五，2；彩版九六，1）。

采集：19 残。水成岩质，灰白色。残存部分平面近长方形。分上、下两部分，两者连为一体，上部为桌面，下部为底座。桌面的正面较之于下部底座内收，其正面和侧面雕凿出浅凹的横长条形盘子，而背部则上下齐平。残长83、宽45.5、残高25厘米（图五七，2；彩版九六，2）。

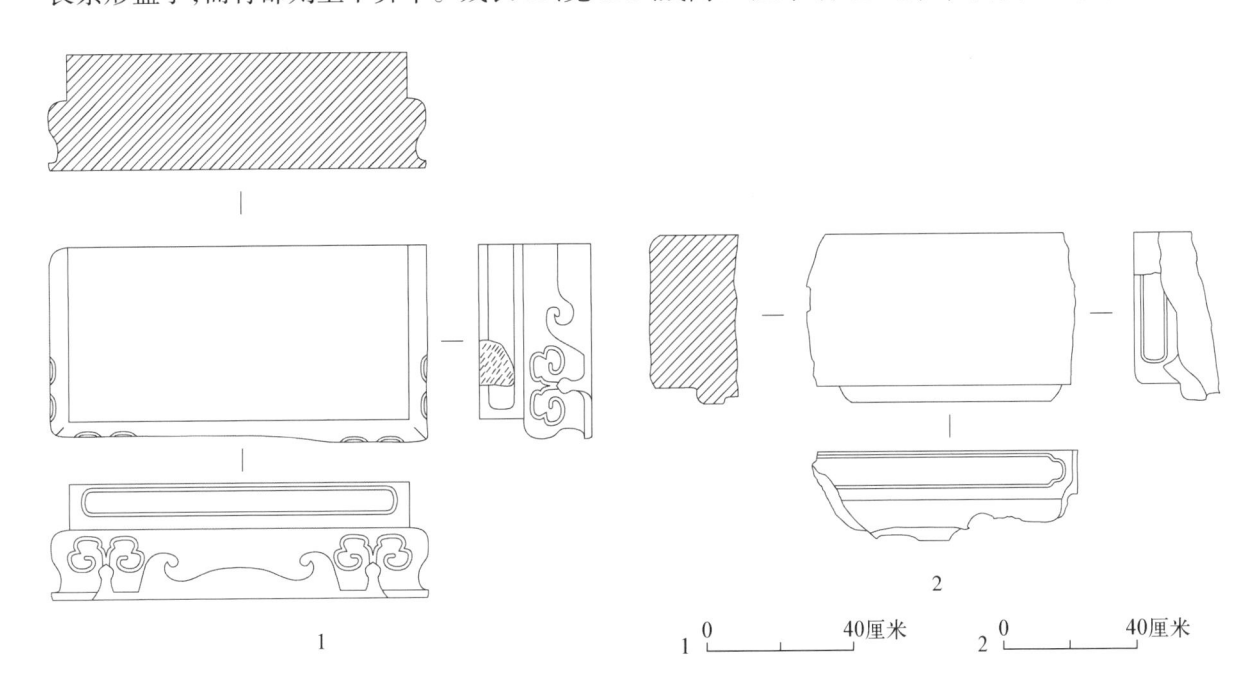

图五七 采集石供桌（一）

1、2. 石供桌（采集：8、采集：19）

采集：22　残。水成岩质，灰白色。残存部分平面近长方形。分上、下两部分，上部为供桌，下部为土衬，两者连为一体。供桌表面平整，足部上方雕卷云纹。土衬的正面和左、右侧面较之供桌外凸，背面则上下齐平。供桌残长87、残宽38.5厘米，土衬长87、宽38、通高28.5厘米（图五八，1；彩版九七，1）。

采集：23　残存约一半。水成岩质，灰白色。残存部分平面近长方形。分上、下两部分，上部为供桌，下部为土衬，两者连为一体。供桌表面平整，足部上方雕卷云纹。土衬的正面和左、右侧面较之供桌外凸，背面则上下齐平。供桌长80、宽53、高15厘米，土衬长94、宽60、通高27厘米（图五八，2；彩版九七，2）。

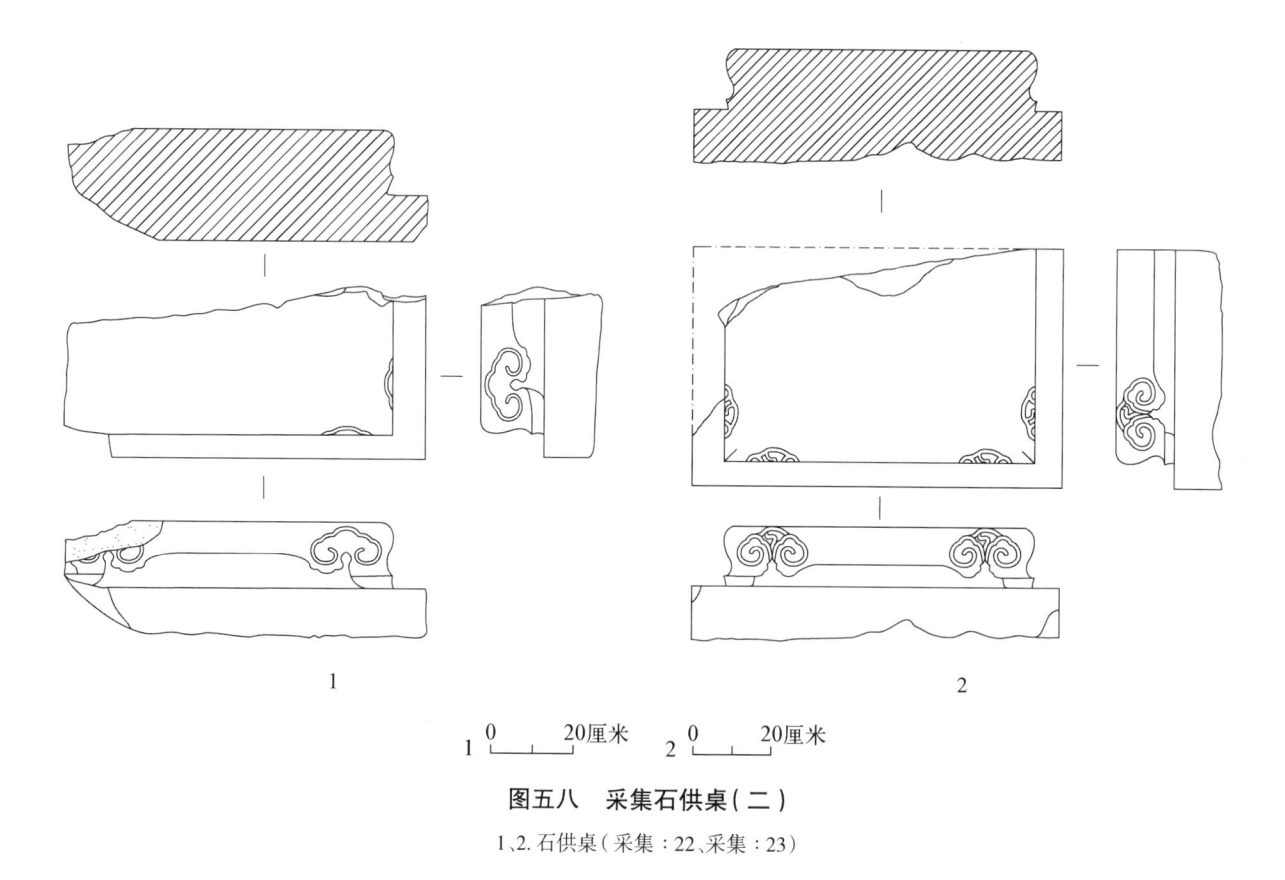

图五八　采集石供桌（二）
1、2.石供桌（采集：22、采集：23）

采集：24　残断。水成岩质，灰白色。残存部分平面近长方形。分上、下两部分，上部为桌面，下部为底座，两者连为一体。桌面的正面和左右侧面较之于下部底座内收，其侧面雕凿出横长条形浅凹盘子，背部则上下齐平。底座的足部上方雕卷云纹。残长41、宽48、通高34厘米（图五九，1；彩版九八，1）。

采集：29　稍残。砂岩质，青灰色，表面粗糙。平面呈长方形。分上、下两部分，上部为桌面，下部为底座，两者连为一体。石供桌桌面平整，其正面和左右侧面较之于下部底座内收，并雕凿出浅凹的长条形盘子。背部则上下齐平。底座的足部上方雕卷云纹。桌面长92.5、宽38.5、底座长105、宽45、通高33.5厘米（图五九，2；彩版九八，2；彩版九九，1）。

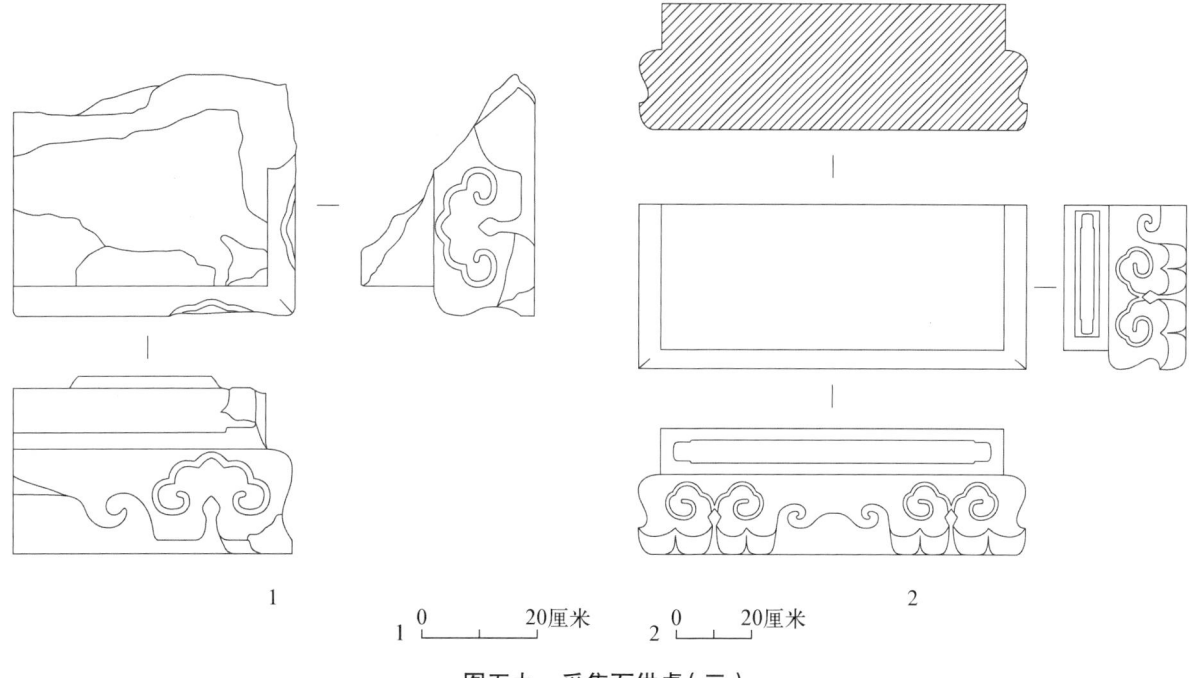

图五九　采集石供桌（三）

1、2. 石供桌（采集：24、采集：29）

（二）石望柱

采集：9　残，仅存下半部。紫砂岩质，表面呈青灰色。截面呈长方形。正面浅浮雕如意云纹。残长39、宽22、厚18厘米（图六〇，1；彩版九九，2）。

采集：32　稍残。细砂岩质，青色。表面比较粗糙。残存柱头部分，分上、下两部分，上部为抹角方形覆莲状，顶面中间雕有花纹，下部截面圆形，侧面阴刻花纹，四角雕成竹节状。残高20厘米（图六〇，2；彩版一〇〇，1）。

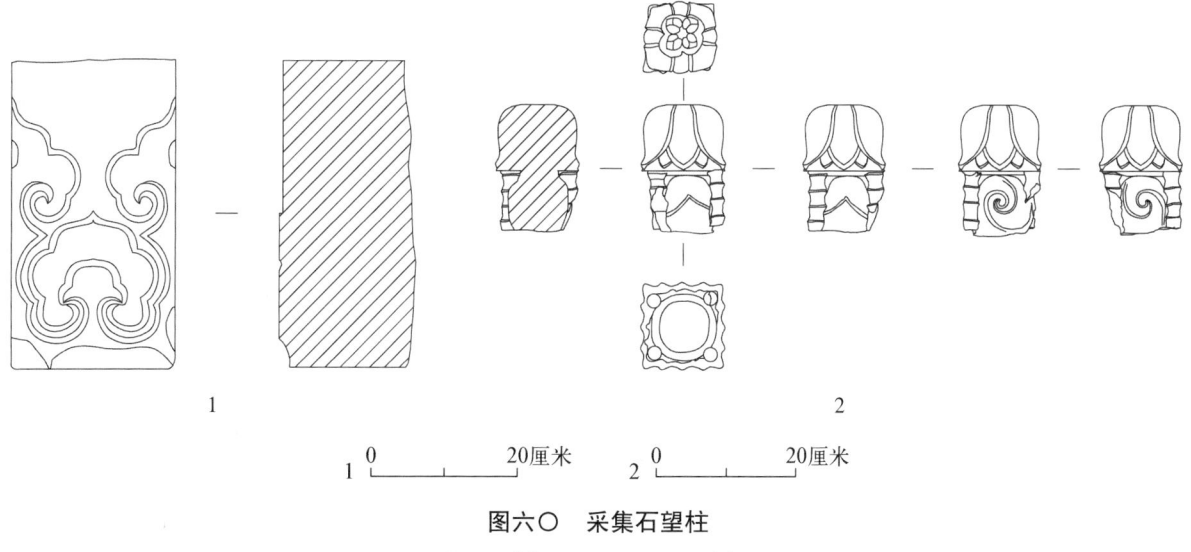

图六〇　采集石望柱

1. 石望柱（采集：9）　2. 石柱头（采集：32）

（三）石碑

采集：44　较完整。细砂岩质，青色。正面阴刻碑文，竖排，三列，每列16字，共48字。碑长160、宽52、厚6.5厘米（图六一；图六二；彩版一〇〇，2）。

石碑碑文如下：

第1列　大清光绪贰年岁在丙子应钟之律吉旦

第2列　重建东明堂上传临济正宗第三十九世

第3列　如明老和尚之宝座广渡分支名能聪字

图六一　采集石碑（采集：44）

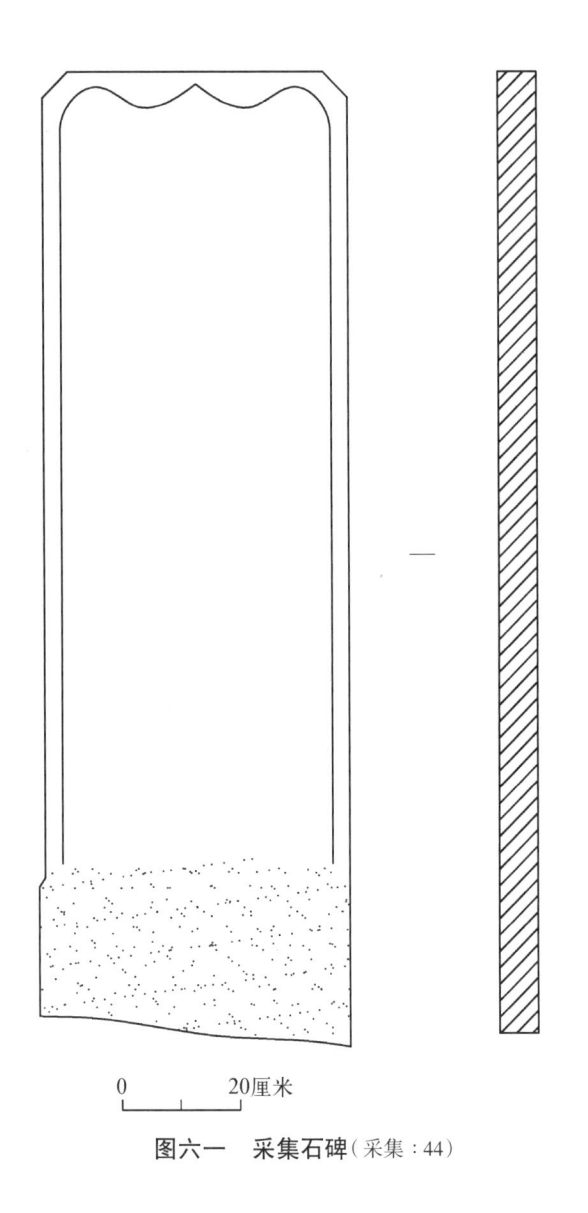

图六二　石碑拓片（采集：44）

第四节　塔院遗址相关问题探讨

一、塔院遗址内各遗迹的关系

通过发掘,我们发现:

(一) M1 和 M2~M6

M1 处于整个塔院的西南高点。M2~M6 位于 M1 左前方,一组共五个墓室,同一墓园,应是有意为之,有所规划。M2~M6 中,M2、M4、M6 墓室砖石混筑,口小底大,平面均为圆形。M3 和 M5 墓坑土壁,平面为长方形。

(二) M9、M12 和 M15

M9 和 M15 除墓室外,其余遗迹形制基本相同,平面近似葫芦形。M9 和 M12 墓室用材相同,且平面均为马蹄形。而且,因 M12 墓园打破 M9 平台右侧边缘,故 M12 晚于 M9。

(三) M8、M9 和 M10

因 M9 墓园右侧边缘有局部打破 M8 墓园的现象,故 M9 晚于 M8。M9 和 M10 平台之间有石板铺地相连,两墓年代可能较近。

(四) M16 和 M19

两墓虽均未见墓园,但残存墓室均为方形石室。而且,M16 紧邻 M9 南缘,在修建 M9 时,M16 可能已经被破坏。而且,M16 应早于 L2。

(五) M20 与砖雕

从 M20 形制看,砖雕应非用于 M20 建筑。而 M20 处所出砖雕,应属于房屋建筑遗迹。

(六) L1 与 L2-甲、乙

位于 M1 前且与 M1 相连的 L2-甲,年代与 M1 应为同一时期,并早于 L2-乙。L1 年代晚于 L2-乙。M15 和 M13 均晚于 L2-乙。

二、墓葬年代与墓主人身份

根据墓葬的排列,并结合《东明寺左东明塔院祖师塔图》(图六三)的记载,我们认为:

1. M1 即"明开山东明昆祖师塔",且在塔院周边采集到一件有相应刻文的塔身石柱。而 L2-甲的始建年代应与之相当。

2. M4即"明当山海舟慈祖师塔",且M4所属的M2～M6的始建年代也应与之相当。

3. M6即"东明普同之塔"。

由此进而推知M1和M2～M6的墓塔及墓室的始建年代应在明代。

昺,指慧昺,字东明,号虚白,俗姓王,正统辛酉六月二十九日圆寂。故M1的建成年代可定为明代正统六年(1441年)或稍后。

慈,即永慈,号海舟,俗姓余,景泰元年逝世。故M4的建成年代可定为明代景泰元年(1450年)或稍后。

普同塔是汉传佛教寺院中常见的安葬亡僧骨灰的建筑,是为本没有资格造塔安葬的普通僧侣提供的入塔方式。

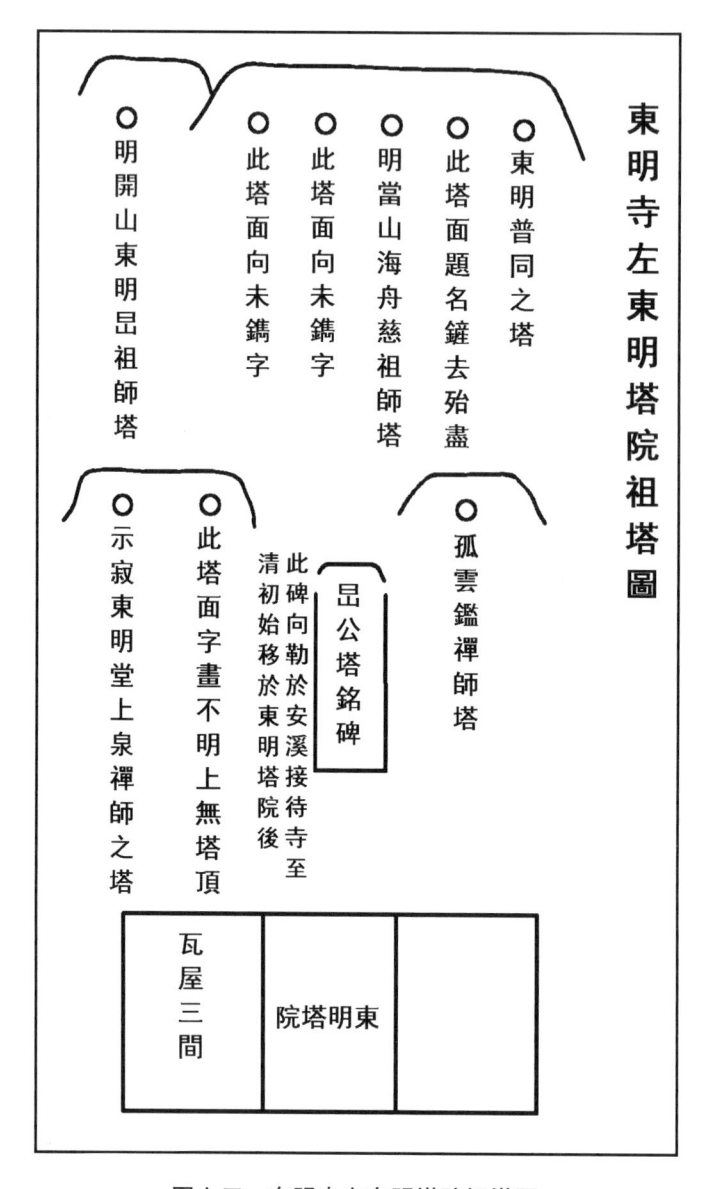

图六三　东明寺左东明塔院祖塔图

《东明寺志》[①]重修于1674年。志中记述有当时的塔院情况：

> 塔院
> 在大遮山西坞，东髻山之东，孤云禅师塔前。
> 塔
> 东明旵禅师塔
> 在大遮山东南麓，师全身在焉。倚山临涧，坐亥位巳向。旁立大石碑，明国子监祭酒胡濙撰文并铭。
> 海舟慈禅师塔
> 在旵师塔左臂稍下位。向亦如之。
> 宝峰瑄禅师塔
> 在西髻山之麓。但无碑幢可考，榛莽而已。
> 孤云鉴禅师塔
> 在海舟慈禅师塔南二十武。亥位巳向。

四塔的相对位置关系清晰。但经发掘揭示的墓塔遗迹中，可确定的只有慧旵和永慈两位祖师之塔。

据《东明寺志》记载，宝峰瑄禅师原是木匠，在海舟慈禅师修建塔院时曾主持工事。因此，此二位禅师在由墓塔至塔院的建设过程中，应有奠基之功。

就M9出土的"乾隆通宝"而言，其年代应为清代，且不早于乾隆年间。M10出土的青花瓷盖，其年代应为清中期，M10年代应大致相当。由此分析，并结合各墓形制及分布情况，M7及其后编号各墓的年代应以清代为主。但采集的塔身石柱刻文与墓主身份难以一一对应。又因塔院内出土的可供断代的器物甚少，使其余塔墓年代无法进一步准确判断。另外从L2-乙、L1与各墓的分布关系看，其年代亦应属清代，但L2-乙早于L1。

三、发掘意义

汉传佛教墓塔塔林或塔院，在全国有广泛分布，但是实施正式考古发掘的甚少，有关塔下墓室的资料极难见到。通过发掘，在揭示遗存内涵的同时，也为塔院遗存的保护提供了重要基础。此次较全面的揭露，丰富了此类遗存的考古资料，为我国佛教尤其是禅宗僧人墓葬的丧葬方式及习俗的研究提供了重要的实物资料。东明塔院内各墓葬的地上建筑部分，如墓园、墓园前平台等，与江南地区宋墓一脉相承，但又有别于明代江南地区世俗墓葬，具有特殊意义。

[①] [清] 湛潜编撰，黄金贵、曾华强点校：《东明寺志》，上海古籍出版社，2012年。

Abstract

Built in 1427 AD (the 2nd year of Ming Emperor Xuande's reign) by Zen Master Chan of Xubai and rebuilt in 1664 AD (the 3rd year of Qing Emperor Kangxi' reign) by Zen Master Zang of Yushan when he took charge of the temple, Dongming Buddhism Monastery was one of important buddhism monasteries of Linji Sector in the region along the middle and lower regions of Yangtze River. From April to July in 2013, important findings were declared that archaeological survey and excavation were carried out within the monastery remains by the Cultural Relic Archaeology Institute in Hangzhou for the doctrine hall and stupa yard completely revealed, the doctrine hall's remains, 20 tombs and 2 historical remains excavated.

With its front face to the south, the doctrine hall is located behind the newly-built main hall of Dongming Monastery. It consists of foundation, corridors, front and back yards, east and west passageways, drainage ditch, etc. The doctrine hall has total length of 18 meters and total depth of 8.2 meters. Built without pillars and annexed with front corridor, it has five bays along the front with central bay flanked by one side bay and one end bay to the left and another side bay and end bay to the right.

The stupa yard is located at the southeast foot of Dongming Hill. Archaeological excavation has found 20 tombs in total in the yard which are mainly Ming and Qing tombs. According to the form and shape of the tombs and *Record of Dongming Monastery* and *Zhengming List,* this cemetery for monks was called Dongming Stupa Yard. Tombs are arrayed on the upper and lower part along the hill slope, and soil pits, brick burial chambers, stone burial chambers, and brick and stone built chambers are found in the cemetery. Most of the tombs are looted or destroyed, and only a few are in complete situation. 21 relics in single items or in group items were found and 45 stone structure parts in single items or in group items were collected.

Located at the northwestern part of the cemetery, M1 belongs to Master Chan of Dongming who is the founder of the monastery in the Ming Dynasty. With its front side facing the south, the oval-shaped tomb yard now has no remains of stupa but a brick built chamber in octagonal shape with few bone ashes excavated.

Facing the south, mounds from M2 to M6 are located in the middle and north part of the cemetery and stand in the same tomb yard and all have no stupas. M3 and M5 have their chambers in rectangle shape, and M2, M4 and M6 are in round shape. They are brick, stone or soil pit tombs, and all have bone fragments. M4 has broken potteries and porcelains founded. Amongst these mounds, the M4 belongs to Master the Mercy of Haizhou.

Standing in a line, side to side, mounds from M7 to M11 all have no stupas. M7 stands to the southeast side of M2 to M6 and faces to the southeast. The tomb chamber built by stones belongs to Master Jian of Guyun which has rectangle shape. In the chamer, bone fragments are founded. M8 stands to the west side of M9 and faces south. It is a soil pit tomb with irregular shape. In the pit, a broken porcelain pot is founded. Assumed as the stupa of the deceased Zen Master Shangquan of Dongming Hall, M9 faces to the south and has a stone chamber in the shape of horseshoe. In the chamber, large amount of charcoals and hardened limes, jade beads and bronze coins of Kangxi Tongbao are excavated. M10 standing to the east side of M9, has its front face to the south. It is square shaped brick and stone built chamber, in which small amounts of bone fragments as well as a blue and white porcelain pot cap are excavated. With its face to the south, M11 stands to the east side of M10. It is square shaped soil pit with some bone fragments excavated in it.

M8 was built upon a Song Dynasty brick tomb, which was covered by stone slab.

Being located to the south of mounds from M7 to M11, mounds from M12 to M16 stand closely to mounds from M7 to M11, and are even overlapped with mounds from M7 to M11. With its face to the south, M12 stands to the south part between M8 and M9. It is a brick and stone built tomb in horseshoe shape. In the chamber, some bone remains are excavated. M13 stands to the south side of M11 and west side of M14. It is a stone tomb with square shape. In the chamber, there is small amount of bone fragments. M14 stands to the south side of M7. It only has one tomb chamber, in which there is a stone mortar with a coarse porcelain jar with some bone fragments in it. M15 stands to the west side of M16 and south side of M8. It stands to the south and has a remaining tough rammed layer of sand soil partly covered upon its unexcavated chamber. M16 stands to the south. It is a square shaped stone tomb with nothing found in its chamber.

Mounds from M17 to M20 are scattered in the tomb yard. The age of these mounds is from the late Qing Dynasty to the period of Republic. Due to the late age, they are all unexcavated.

The doctrine hall of Dongming Monastery should be built in the early Ming Dynasty. It was rebuilt in 1666 AD (the 5th year of Qing Emperor Kangxi's Reign). The hall is one of the important buildings in the monastery. The stupa yard of Dongming Monastery was built in the early Ming Dynasty and decayed in the late Qing Dynasty. Built in a partly large scale, it has most of the monk tombs in it. Some of the owners' names are clear, for example, Master Chan of Dongming, Master the Mercy of Haizhou, Master Jian of Guyun and other masters are all important figures in the Chinese Buddhism history. And the cemetery is also one of the important stupa yards of Linji Sector in China, thus it is of high values for academic research.

后　记

本报告根据2013年4月至7月余杭区东明寺遗址考古发掘资料整理编写而成。

遗址的田野发掘工作由杭州市文物考古研究所承担，李蜀蕾任领队，参与发掘的有梁宝华、王征宇、沈国良和骆放放。遗址发掘资料的室内整理工作由郎旭峰、王征宇主持，参加人员有梁宝华、沈国良、何国伟、骆放放、李蒙蒙、黄李昭等。遗址的发掘及其资料的细致整理为本报告的编写奠定了扎实的基础。

本报告由王征宇、郎旭峰和沈国良负责编写，具体分工如下：

第一章概述和第三章塔院遗址部分由王征宇负责；

第二章法堂遗址部分由郎旭峰负责；

各章节中的线图、彩版等由沈国良负责核对和修改；

英文摘要由王征宇拟定中文稿，杭州市名人纪念馆副馆长吴涛翻译；

报告全文最后由王征宇统稿和改定。

遗址田野发掘、室内整理及报告编写过程中，得到了杭州市园林文物局卓军副局长、文物处陈军处长，余杭区文化广电新闻出版局冯玉宝局长、钟山副局长，余杭区博物馆陆文宝馆长，杭州东明山森林公园张炳林董事长的关心和帮助，杭州市文物考古研究所唐俊杰所长、房友强书记和上海古籍出版社宋佳编辑为本报告的顺利出版倾注了大量心血，在此一并致谢。

本报告中不当之处敬请读者批评指正。

编　者

2017年12月12日

彩版一

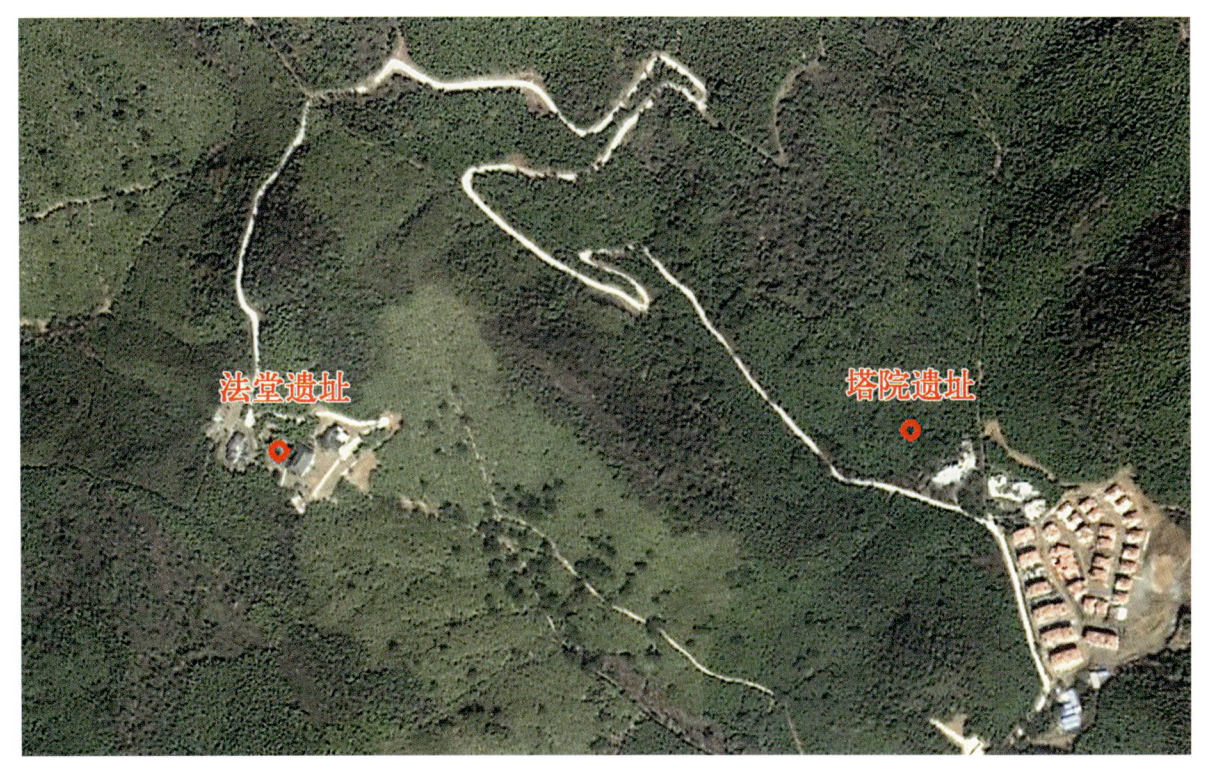

1. 东明寺遗址遥感影像图

2. 法堂遗址位置示意图

东明寺遗址位置及环境

彩版二

1. 东明寺法堂遗址地貌（西北—东南）

2. 法堂遗址发掘后全景（北—南）

东明寺法堂遗址地貌和遗址发掘全景

1. 法堂遗址前挡土墙（南—北）

2. 法堂遗址后挡土墙（东南—西北）

法堂遗址所在平台前后挡土墙

彩版四

1. 法堂遗址全景（东北—西南）

2. 法堂房址前檐柱b1基础（上—下） 　　3. 法堂房址前檐柱b4基础（上—下）

法堂遗址全景、法堂房址前檐柱基础

彩版五

1. 法堂房址柱础、墁地及前后堂之间沟槽（西南—东北）

2. 法堂房址槛垫石

3. 法堂房址方砖墁地细部（东北—西南）

法堂房址柱础石、槛垫石、方砖墁地及前后堂之间沟槽

彩版六

1. 法堂房址东梢间（东南—西北）

2. 法堂房址西梢间（东南—西北）

法堂房址东西梢间

彩版七

2. 法堂遗址前廊（西南—东北）

1. 法堂遗址前廊（东北—西南）

法堂遗址前廊

彩版八

1. 法堂遗址前廊中心石（南—北）

2. 法堂遗址前廊阶沿石与檐柱之间的小石块
（西南—东北）

法堂遗址前廊地面及阶沿石

彩版九

1. 法堂遗址后廊及排水沟（西—东）

2. 法堂遗址东巷道（西北—东南）

法堂遗址后廊、后庭院排水沟和东巷道

彩版一〇

1. 法堂遗址西巷道（东南—西北）

2. 法堂遗址前庭院（东北—西南）

法堂遗址西巷道、前庭院

1. 法堂遗址前庭院内桂花树（西北—东南）

2. 法堂遗址后庭院（东北—西南）

法堂遗址前庭院内桂花树、后庭院

彩版一二

1. 法堂遗址后庭院水井（东南—西北）

2. 法堂遗址后庭院排水沟（东北—西南）

法堂遗址后庭院水井、排水沟

1. 法堂遗址后庭院排水沟东端（西南—东北）

2. 法堂遗址后庭院东侧道路（东南—西北）

法堂遗址后庭院排水沟东端、后庭院东侧道路

彩版一四

1. 法堂遗址东院墙（西北—东南）

2. 法堂遗址东院墙南段立面（西南—东北）

法堂遗址东院墙

1. 法堂遗址东北院门（西南—东北）

2. 法堂遗址东南通道（西北—东南）

法堂遗址东北院门、东南通道

1. 法堂遗址东南通道南端底部及东南院门（上—下）

2. 法堂遗址东南院门（西南—东北）

法堂遗址东南通道南端底部、东南院门

1. 法堂遗址西院墙中—北段（东南—西北）

2. 法堂遗址西院墙南段（西北—东南）

法堂遗址西院墙

彩版一七

彩版一八

1. 法堂遗址南院墙及前庭院、房址、排水沟等（西北—东南）

2. 法堂遗址东夹道（东南—西北）

法堂遗址南院墙、东夹道

彩版一九

1. 法堂遗址西夹道、西挡土墙（东南—西北）

2. 法堂遗址西夹道、西挡土墙（西北—东南）

法堂遗址西夹道、西挡土墙

彩版二〇

1. 解剖坑2（东北—西南）

2. 解剖坑2（东—西）

法堂遗址解剖坑2

彩版二一

2. 解剖坑4（西南—东北）

1. 解剖坑3（东南—西北）

法堂遗址解剖坑3、4

彩版二二

1. 解剖坑5（东北—西南）

2. 解剖坑5（西南—东北）

法堂遗址解剖坑5

1. 解剖坑6（西北—东南）

2. 解剖坑7（东南—西北）

法堂遗址解剖坑6、7

彩版二四

1. 解剖坑8（东北—西南）

2. 解剖坑9（西南—东北）

法堂遗址解剖坑8、9

彩版二五

1. 柱顶石-1

2. 柱顶石-2

3. 石夯

4. 青砖

法堂遗址出土遗物（一）

彩版二六

1. 板瓦

2. 筒瓦

3. 滴水

法堂遗址出土遗物（二）

1. 塔院遗址发掘前地貌（南—北）

2. 塔院遗址 M2～M6 发掘前地貌（南—北）

塔院遗址发掘前地貌

彩版二八

1. M1全景（西南—东北）

2. M1全景（西北—东南）

M1全景

彩版二九

1. M1墓园甬道（西南—东北）

2. M1甬道南端踏跺（东南—西北）

M1墓园甬道、踏跺

彩版三〇

1. M1墓室（上—下、东南—西北）

2. M1墓室南侧供桌基础（东南—西北）

M1墓室及南侧供桌基础

彩版三一

1. M1出土黑色结晶体（上—下）

2. M1出土石质山花蕉叶（M1∶1）

M1出土遗物

彩版三二

1. M2～M6全景（东南—西北）

2. M2～M6全景（北—南）

M2～M6全景

1. M2～M6墓园内地坪（西—东）

2. M2～M6墓园内甬道及地面（南—北）

M2～M6墓园内地坪、甬道等

1. M2～M6墓园南部石块包边（东—西）

2. M2～M6墓园南部石块包边（西—东）

M2～M6墓园南部石块包边

1. M4墓室（南—北）

2. M5墓室（北—南）

M4、M5墓室

彩版三六

1. M5墓室底部青砖（上—下）

2. M3墓室（南—北）

M5墓室底部青砖、M3墓室

1. M6墓室（上—下）

2. M2墓室（上—下）

M6、M2墓室

彩版三八

1. 石基座（M2～M6：1）

2. 石塔刹（M2～M6：2）

M2～M6墓园出土遗物

彩版三九

1. 泥质灰陶六边形盘（M4：1）

2. 粗瓷盖（M4：2）

M4出土遗物

彩版四〇

1. M7全景（西—东）

2. M7全景（东—西）

M7全景

彩版四一

1. M7平台（南—北）

2. M7墓园铺地石板（东—西）　　　3. M7墓室（上—下、南—北）

M7平台、墓园铺地石板和墓室

彩版四二

1. M8全景（南—北）

2. M8全景（北—南）

M8全景

1. M8墓室（上—下）

2. M8叠压的宋墓（南—北）

M8墓室及M8叠压宋墓

彩版四四

1. M9全景（南—北）

2. M9全景（北—南）

M9全景

1. M9南端平台（东—西）

2. M9墓室（上—下、北—南）

M9南端平台、墓室

彩版四六

1. M10全景（南—北）

2. M10全景（东—西）

M10全景

彩版四七

2. M10南侧平台（西—东）

1. M10南侧平台（东—西）

M10南侧平台

彩版四八

1. M10墓室（上—下）

2. M10墓室底部（上—下）

M10墓室及其底部

彩版四九

1. 青花瓷罐盖（M10∶1）

2. 青花瓷碗（M10∶2）

M10出土遗物

彩版五〇

1. M11全景（南—北）

2. M11全景（西北—东南）

M11全景

1. M11墓室（西南—东北）

2. M12全景（东南—西北）

M11墓室、M12全景

1. M12墓园前部正中砖砌基础（东南—西北）

2. M12墓园出土石望柱

M12墓园前部正中砖砌基础及出土石望柱

彩版五三

1. M12墓室（上一下、东南一西北）

2. M12墓室内石基座（上一下）

M12墓室及其内石基座

彩版五四

1. 石望柱（M12∶1）

2. 石基座（M12∶2）

M12墓园出土石望柱和墓室内石基座

1. 石基座（M12:3）

2. M13全景（东南—西北）

M12墓室内石基座、M13全景

彩版五六

1. M13墓园出土石构件（上—下）

2. M13墓室（上—下、西南—东北）

M13墓园出土石构件、M13墓室

彩版五七

1. 石望柱（M13∶1）

2. M14全景（南—北）

M13出土石望柱、M14全景

彩版五八

1. M14正中的石臼和内侧粗瓷缸（上—下）

2. 石臼（M14:1）（南—北）

M14墓园正中的石臼及其内粗瓷缸

彩版五九

1. M15全景（东南—西北）

2. M15全景（西北—东南）

M15全景

1. M15墓园（南—北）

2. M15南侧平台（东北—西南）

M15墓园及南侧平台

1. M15南部甬道、台阶和平台（东南—西北）

2. M15南端甬道与圆形平台（西—东）

M15南部甬道、台阶和平台

彩版六二

1. M15南端路面与圆形平台（东—西）

2. M16墓室（西北—东南）

M15南端路面与圆形平台、M16墓室

1. M17全景（南—北）

2. M18全景（西—东）

M17全景、M18全景

彩版六四

1. M18全景（东—西）

2. M19全景（西南—东北）

M18全景、M19全景

1. M19墓室细部（上—下、西南—东北）

2. M20全景（东南—西北）

M19局部、M20全景

彩版六六

1. M20全景（北—南）

2. M20出土构件（上—下）

M20全景、M20墓园出土构件

彩版六七

1. 砖雕（M20∶1） 　　　　　2. 砖雕（M20∶2）

3. 砖雕（M20∶3） 　　　　　4. 砖雕（M20∶4）

5. 砖雕（M20∶5）正面 　　　6. 砖雕（M20∶5）背面

M20 出土砖雕

彩版六八

1. 砖雕（M20:6） 　　　　2. 砖雕（M20:7）

3. 板瓦（M20:8） 　　　　4. 瓦当（M20:9）

M20出土砖雕、板瓦和瓦当

1. L1路面（西南—东北）

2. L1踏道（南—北）

L1路面、踏道

彩版七〇

1. L2（南—北）

2. L2-甲与M1相连处（东南—西北）

3. L2-甲（西北—东南）

L2、L2-甲及其与M1相连处

2. L2-乙（东北—西南）

1. L2-乙（东—西）

L2-乙（一）

彩版七二

1. L2-乙（西南—东北）

2. L2-乙（北—南）

L2-乙（二）

彩版七三

1. 石基座（采集:1）俯视

2. 石基座（采集:1）侧视

采集石构件（一）

彩版七四

1. 石基座（采集：4）

2. 石基座（采集：5）

采集石构件（二）

彩版七五

1. 石基座（采集：6）

2. 石基座（采集：7）

采集石构件（三）

彩版七六

1. 石基座（采集：18）俯视

2. 石基座（采集：18）侧视

采集石构件（四）

彩版七七

1. 石基座（采集：20）俯视

2. 石基座（采集：20）侧视

采集石构件（五）

彩版七八

1. 石基座（采集：21）俯视

2. 石基座（采集：21）侧视

采集石构件（六）

1. 石基座（采集：27）俯视

2. 石基座（采集：27）侧视

采集石构件（七）

彩版八〇

1. 石基座（采集:33）

2. 石基座（采集:41）

采集石构件（八）

彩版八一

1. 石基座（采集：43）

2. 石束腰（采集：36）

采集石构件（九）

彩版八二

1. 塔身石柱文字（采集：2）

2. 塔身石柱（采集：2）

采集石构件（一〇）

彩版八三

2. 塔身石柱（采集：11）

1. 塔身石柱（采集：10）

采集石构件（一一）

彩版八四

1. 塔身石柱（采集：12）

2. 塔身石柱（采集：13）

采集石构件（一二）

1. 塔身石柱文字（采集：34）

2. 塔身石柱（采集：34）

采集石构件（一三）

彩版八六

1. 塔身石柱（采集：37）

2. 塔身石柱（采集：40）

采集石构件（一四）

彩版八七

1. 塔身石柱（采集：40）

2. 石莲座（采集：14）

采集石构件（一五）

彩版八八

1. 石莲座（采集：17）

2. 石莲座（采集：25）

采集石构件（一六）

彩版八九

1. 石莲座（采集：26）

2. 石塔檐（采集：3）

采集石构件（一七）

彩版九〇

1. 石塔檐（采集：28）

2. 石塔檐（采集：35）

采集石构件（一八）

1. 石塔檐（采集：39）

2. 石塔檐（采集：42）

采集石构件（一九）

彩版九二

1. 石塔檐（采集：42）

2. 石塔刹（采集：15）

采集石构件（二〇）

彩版九三

2. 石蕉叶（采集：30）

1. 石塔刹（采集：16）

采集石构件（二一）

彩版九四

1. 石蕉叶（采集：31）

2. 宝顶（采集：38）

采集石构件（二二）

1. 宝顶（采集：45）

2. 石供桌（采集：8）

采集石构件（二三）

彩版九六

1. 石供桌（采集:8）

2. 石供桌（采集:19）

采集石构件（二四）

1. 石供桌（采集：22）

2. 石供桌（采集：23）

采集石构件（二五）

彩版九八

1. 石供桌（采集：24）

2. 石供桌（采集：29）

采集石构件（二六）

彩版九九

1. 石供桌（采集：29）

2. 石望柱（采集：9）

采集石构件（二七）

彩版一〇〇

1. 石望柱（采集：32）

2. 石碑（采集：44）

采集石构件（二八）